Friedrich Schiller

**Minor Poems and Ballads**

Friedrich Schiller

**Minor Poems and Ballads**

ISBN/EAN: 9783743300033

Hergestellt in Europa, USA, Kanada, Australien, Japan

Cover: Foto ©Thomas Meinert / pixelio.de

Manufactured and distributed by brebook publishing software
(www.brebook.com)

Friedrich Schiller

**Minor Poems and Ballads**

Crown 8vo, cloth.

# GERMAN CLASSICS FOR ENGLISH STUDENTS.

With Notes and Vocabulary.

Schiller's Lied von der Glocke (The Song of the Bell), and other Poems and Ballads. By M. Förster. 2s.

Schiller's Maria Stuart. By Moritz Förster. 2s. 6d.

Goethe's Iphigenie auf Tauris. With Notes by H. Attwell. 2s.

Goethe's Hermann und Dorothea. By M. Förster. 2s. 6d.

Goethe's Egmont. By H. Apel. 2s. 6d.

Lessing's Emilia Galotti. By G. Hein. 2s.

Lessing's Minna von Barnhelm. By J. A. F. Schmidt. 2s. 6d.

Chamisso's Peter Schlemihl. By Förster. 2s.

Andersen's Bilderbuch ohne Bilder. By Alphons Beck. 2s.

Nieritz: Die Waise, a German Tale. By E. C. Otte. 2s. 6d.

Hauff's Märchen: a Selection from Hauff's Fairy Tales. By A. Hoare, B.A. 3s. 6d.

## WILLIAMS & NORGATE,

14, Henrietta Street, Covent Garden, London;
and 20, South Frederick Street, Edinburgh.

# SCHILLER'S

## MINOR

# POEMS AND BALLADS.

# Schiller's

## MINOR

# POEMS AND BALLADS

### WITH

## HISTORICAL AND LITERARY NOTES.

### BY

## ARTHUR P. VERNON.

Entbehre, wer nicht lesen kann,
Wer lesen kann, genieße.

# INTRODUCTION.

## BRIEF SKETCH OF SCHILLER'S LIFE.

Friedrich Schiller was born in 1759 at Marbach, in Würtemberg. He was at first destined by his father for the legal. but later on he applied himself to the medical, profession.

He received his first instructions from Moser, the parish priest at Lorch, and entered as a student at Karlsschule, a Stuttgart college, where he was educated at the expense of the Duke of Würtemberg. In 1780, he passed as an army surgeon; but life in this capacity proved so irksome to him that he left Stuttgart, and retired to Bauerbach, near Meiningen. We next hear of him in connexion with the Mannheim theatre, and shortly afterwards the title of Hofrath (Ducal Counsellor) was bestowed on him by Karl August, under whose notice he had come. The years 1785—7 were spent by him in Leipzig and Dresden, where he made the acquaintance of Körner, the father of the writer, and other firm friends: in July 1787 he went to Weimar, where he lived for some time and studied history; later, he succeeded in obtaining the post of Professor of History at the university of Jena from Karl August.

In 1790, he married Charlotte Lengefeld, by whom he was nursed through the next two years, when he first began to show symptoms of consumption; during this illness he first began to study the works of Kant (to whose philosophy he was introduced by Reinhold of Jena) whose influence may be traced in his compositions of that period. He now obtained a pension from the Prince of Denmark, which enabled him to pursue his literary labours in comfort for the remaining years of his life, in close friendship with Gœthe, whose character he first learned to understand in 1794, and other kindred spirits. In 1802, he was raised to the rank of nobility, and died, aged 46, in 1805.

## REVIEW OF SCHILLER'S POEMS AND BALLADS.

Some of his poems have reference to his own private life. These it is important to notice.

His **Lied an die Freude**, written in 1785, during his stay at Leipzig, when his prospects in life had suddenly brightened up, is pervaded throughout by a strain of gratitude and good-will towards his fellow-creatures.

In his poem entitled **Resignation**, we can observe that the author at the time of its composition, had abandoned the wild ideas of his youth, and had reconciled himself to the course in life which he was compelled to take. **Das Glück** (not given in this volume) also points to his private circumstances; some have supposed that the author meant to express envy of the success of his friend Gœthe; but there is no real ground for entertaining such an opinion.

Besides these compositions, many sporadic references to the author's private life, occur incidentally, e. g.

**Die Ideale** 2, 3: "Die Ideale find zerronnen" clearly refers to the hopes and resolutions made by Schiller in his youth, which he later on found himself to abandon.

Ibidem 7, 4: "Die luftige Begleitung" appears to mean his dreams of happiness and fame.

**Pegasus im Joche** is intended to illustrate the drudgery of his early life.

With regard to the latter poem, it may be remarked that here alone can we recognize a sense of humour in the author; the rest of his poems are somewhat deficient in this respect.

## AS A BALLAD WRITER.

All his subjects are taken from history and tradition; he held that ballads should relate, in verses suitable for recitation, stirring events and brave deeds; his mostly portray the power of friendship and love, with the idea of a moral compensation in a world to come for wrongs suffered at the hands of men; almost every ballad will be found to have a moral. His descriptions, too, are most striking and vivid.

## ARRANGEMENT &c. OF THE POEMS.

All the poems of the first, together with one or two of the second, period are taken from the Anthology for the year 1782, which comprised some ninety poems, of which thirty were acknowledged by Schiller as his own, twenty-eight are supposed to have been written by him and suppressed, and thirty-two are believed to be the work of his associates.

The first period extends up to the time of Schiller's departure from Stuttgart; the compositions of these years, in some cases somewhat sceptical, give us an idea of the confused state of the author's mind, compelled as he was to submit to the drudgery of an unsuitable profession, while his whole soul was thirsting for literature.

### *Poems of the first Period.*

The Hector of §ettor's 2lbjd)ied represents the ideal hero. In Die Kindesmörderin the poet gives us features of striking accuracy, somewhat marred, it is true, by a rather bombastic style. Die Schlacht shows the writer's dramatic talent already beginning to expose itself, and contains lofty and powerful passages.

## Poems of the second Period.

**An die Freude** is the first composition classed under this head. It is followed by **Resignation.** Both of these poems, as has been already observed, refer to the poet's private circumstances. **Die Götter Griechenlands** treats of a time when all things were in one grand harmony on earth, when truth and fiction had all things in common.

## Poems of the third Period.

**Die Ideale** is, as it were, a review of, and a lament for, the misfortunes which had attended the author's career. **Der Alpenjäger** and **Berglied** have many features in common with his famous drama "Wilhelm Tell". **Die vier Weltalter** is Schiller's idea of the gradual development of man; **Das Siegesfest** is something between a ballad and a song, and was originally intended to be sung in chorus. **Klage der Ceres** is intended to convey an allegorical meaning to the reader. **Das Eleusische Fest** celebrates the invention of agriculture as the beginning of all human culture. **Die Worte des Glaubens** and **Die Worte des Wahns** were written whilst the author was under the influence of Kant's philosophy: from the first of these we gather that Schiller possessed a devout and earnest sense of religion.

(*Note.* Two famous compositions, viz.: **Der Spaziergang** and **Das Lied von der Glocke** have been omitted as being beyond the requirements of the present volume. They both contain the poet's thoughts on the history of culture.)

# CONTENTS.

# Gedichte der ersten Periode.

These poems are interesting for the proofs which they furnish of the author's youthful impetuosity.

⁕

## 1. Hektors Abschied.

### Andromache.

1. Will sich Hektor ewig von mir wenden,
   Wo Achill mit den unnahbarn Händen[1]
   Dem Patroklus schrecklich Opfer bringt?
   Wer wird künftig deinen Kleinen lehren
   Speere werfen und die Götter ehren,
   Wenn der finstre Orkus dich verschlingt?

### Hektor.

2. Theures Weib, gebiete[2] deinen Thränen!
   Nach der Feldschlacht ist mein feurig Sehnen,
   Diese Arme schützen Pergamus.[3]
   Kämpfend für den heil'gen Herd der Götter
   Fall' ich[4], und des Vaterlandes Retter
   Steig' ich nieder zu dem styg'schen Fluß.[5]

### Andromache.

3. Nimmer lausch' ich deiner Waffen Schalle,
   Müßig liegt dein Eisen in der Halle,
   Priams großer Heldenstamm verdirbt.
   Du wirst hingehn, wo kein Tag mehr scheinet,
   Der Cocytus[6] durch die Wüsten weinet,
   Deine Liebe in dem Lethe[7] stirbt.

1

### Hektor.

4. All mein Sehnen will ich, all mein Denken,
In des Lethe stillen Strom versenken,
Aber meine Liebe nicht.
Horch! der Wilde[8] tobt schon an den Mauern,
Gürte mir das Schwert um, laß das Trauern!
Hektors Liebe stirbt im Lethe nicht.

### N o t e s.

[1] Where Achilles of impregnable strength. Patroclus, a great
friend of Achilles, was killed by Hector in the course of the Trojan war; this aroused Achilles to avenge his death, and ended
in the overthrow of Hector. [2] restrain. [3] Pergamus, i. e. Troy.
[4] if I fall; und marks the apodosis. [5] the river which surrounded
Hades. [6] another river in Hades. [7] the water from which the
shades drank, in order to forget their former experiences; see
Virg. Æn. VI, 749.

*Has omnes, ubi mille rotam volvere per annos*
*Lethaeum ad fluvium deus vocat agmine magno.*

[8] the enemy.

These stanzas were inserted in "The Robbers", which appeared
in 1781. The date of this composition shows how soon the author's thoughts turned to the Iliad.

## 2. Die Kindesmörderin.[1]

1. Horch — die Glocken hallen dumpf zusammen,
Und der Zeiger[2] hat vollbracht den Lauf.
Nun, so sei's denn! — Nun, in Gottes Namen!
Grabgefährten,[3] brecht zum Richtplatz[4] auf.
Nimm, o Welt, die letzten Abschiedsküsse!
Diese Thränen nimm, o Welt, noch hin!
Deine Gifte — o, sie schmeckten süße! —
Wir sind quitt, du Herzvergifterin!

2. Fahret wohl, ihr Freuden dieser Sonne,
Gegen schwarzen Moder umgetauscht!

Fahre wohl, du Rosenzeit voll Wonne,[5]
Die so oft das Mädchen lustberauscht![6]
Fahret wohl, ihr goldgewebten[7] Träume,
Paradieseskinder,[8] Phantasien!
Weh! sie starben schon im Morgenkeime,[9]
Ewig nimmer[10] an das Licht zu blühn.

3. Schön geschmückt mit rosenrothen Schleifen,
Deckte mich der Unschuld Schwanenkleid,[11]
In der blonden Locken loses Schweifen[12]
Waren junge Rosen eingestreut.
Wehe! — die Geopferte der Hölle
Schmückt noch itzt[13] das weißliche[14] Gewand;
Aber ach! — der Rosenschleifen Stelle
Nahm ein schwarzes Todtenband.

4. Weinet um mich, die ihr[15] nie gefallen,
Denen noch der Unschuld Liljen blühn,
Denen zu dem weichen Busenwallen[16]
Heldenstärke die Natur verliehn!
Wehe! — menschlich hat dieß Herz empfunden![17]
Und Empfindung soll mein Richtschwert sein!
Weh! vom Arm des falschen Manns umwunden,
Schlief Luisens Tugend ein.[18]

5. Ach, vielleicht umflattert[19] eine Andre,
Mein vergessen,[20] dieses Schlangenherz,
Ueberfließt, wenn ich zum Grabe wandre,[21]
An dem Putztisch[22] in verliebtem Scherz!
Spielt vielleicht mit seines Mädchens Locke,
Schlingt den Kuß, den sie entgegenbringt,[23]
Wenn, verspritzt[24] auf diesem Todesblocke,[25]
Hoch mein Blut vom Rumpfe springt.

1*

6. Joseph! Joseph! auf entfernte Meilen[26]
   Folge dir Luisens Todtenchor,[27]
   Und des Glockenthurmes[28] dumpfes Heulen[29]
   Schlage schrecklich mahnend[30] an dein Ohr —
   Wenn von eines Mädchens weichem Munde
   Dir der Liebe sanft Gelispel[31] quillt,
   Bohr' es[32] plötzlich eine Höllenwunde
   In der Wollust Rosenbild![33]


7. Ha, Verräther! nicht Luisens Schmerzen?
   Nicht des Weibes Schande, harter Mann?
   Nicht das Knäblein unter meinem Herzen?
   Nicht was Löw' und Tiger schmelzen[34] kann?
   Seine Segel fliegen stolz vom Lande!
   Meine Augen zittern dunkel[35] nach;
   Um die Mädchen an der Seine Strande
   Winselt er sein falsches Ach[36]!


8. Und das Kindlein — in der Mutter Schooße
   Lag es da in süßer, goldner Ruh,
   In dem Reiz[37] der jungen Morgenrose
   Lachte mir der holde Kleine[38] zu —
   Tödtlichlieblich[39] sprach aus allen Zügen
   Sein geliebtes theures Bild mich an,
   Den beklommnen[40] Mutterbusen wiegen
   Liebe und — Verzweiflungswahn.[41]


9. Weib, wo ist mein Vater? lallte
   Seiner Unschuld stumme Donnersprach';[42]
   Weib, wo ist dein Gatte? hallte
   Jeder Winkel meines Herzens nach[43] —

Weh! umsonst wirst, Waise, du ihn suchen,
Der vielleicht schon andre Kinder herzt,
Wirst der Stunde unsers Glückes fluchen,
Wenn dich einst der Name Bastard schwärzt.[44]

10. Deine Mutter — o, im Busen Hölle![45]
Einsam sitzt sie in dem All der Welt,[46]
Durstet ewig an der Freudenquelle,
Die dein Anblick fürchterlich vergällt.[47]
Ach, mit jedem Laut von dir erklingen
Schmerzgefühle[48] des vergangnen Glücks,[49]
Und des Todes bittre Pfeile dringen
Aus dem Lächeln deines Kinderblicks.[50]

11. Hölle, Hölle,[51] wo ich dich vermisse,
Hölle, wo mein Auge dich erblickt!
Eumenidenruthen[52] deine Küsse,
Die von seinen Lippen mich entzückt!
Seine Eide donnern aus dem Grabe wieder,
Ewig, ewig würgt sein Meineid fort,[53]
Ewig — hier umstrickte mich die Hyder[54] —
Und vollendet war der Mord.

12. Joseph! Joseph! auf entfernte Meilen
Jage dir der grimme Schatten nach,
Mög' mit kalten Armen dich ereilen,[55]
Donnre dich aus Wonneträumen wach;[56]
Im Geflimmer[57] sanfter Sterne zucke
Dir des Kindes grasser Sterbeblick,
Es begegne dir im blut'gen Schmucke,[58]
Geißle[59] dich vom Paradies zurück.

13. Seht! da lag's entseelt zu meinen Füßen, —
  Kalt hinstarrend, mit verworrnem Sinn
 Sah ich seines Blutes Ströme fließen,
  Und mein Leben floß mit ihm dahin![60] —
 Schrecklich pocht schon des Gerichtes Bote,
  Schrecklicher mein Herz!
 Freudig eilt' ich, in dem kalten Tode
  Auszulöschen meinen Flammenschmerz.[61]

14. Joseph! Gott im Himmel kann verzeihen,
  Dir verzeiht die Sünderin.
 Meinen Groll will ich der Erde weihen,[62]
  Schlage, Flamme, durch den Holzstoß hin![63]
 Glücklich! glücklich! Seine Briefe lodern,
  Seine Eide frißt ein siegend Feu'r,
 Seine Küsse! wie sie hochauf lodern! —
  Was auf Erden war mir einst[64] so theu'r?

15. Trauet nicht den Rosen eurer Jugend,
  Trauet, Schwestern, Männerschwüren nie!
 Schönheit war die Falle meiner Tugend,[65]
  Auf der Richtstatt hier verfluch' ich sie! —
 Zähren? Zähren in des Würgers[66] Blicken?
  Schnell die Binde um mein Angesicht!
 Henker, kannst du keine Lilje knicken?[67]
  Bleicher Henker, zittre nicht!

### Notes.

[1] This poem is said to have suggested to Gœthe the character of Gretchen in Faust, and to Wordsworth that of Martha Ray in "The Thorn". [2] the hand of the clock. [3] attendants on death. [4] away to the place of execution. [5] farewell, ye joyful days of rosy hue. [6] intoxicated with desire. [7] golden; **weben** means "to weave". [8] glimpses of heaven, as it were. [9] before they were realized. [10] never again. [11] the pure white robe of innocence. [12] loose waving. [13] now. [14] white; a form of weiß. [15] you who.

[16] to whose soft bosoms, as they heave. [17] this heart has experienced sensations common to humanity. [18] Louisa's virtue was lulled to sleep. [19] is ensnaring. [20] totally forgetful of me. [21] as I wend my way to my death. [22] toilet table. [23] with which she meets him. [24] spurting up. [25] yonder place of execution. [26] many long miles. [27] may your Louisa's knell pursue you. [28] literally, the belfry, i. e. the bell itself. [29] deep tolling. [30] with fearful warning. [31] lisping tale. [32] Imperative, may it pierce; Bohr' like Folge in line 2 of this stanza expresses a wish. [33] rosy picture of satiety. [34] move. [35] gloomily. [36] he heaves his treacherous sigh. [37] with the charm. [38] the pretty little thing. [39] fatally lovely. [40] racked. [41] visions of despair. [42] his inarticulate but heart-rending innocence. [43] hallte nach, echoed. [44] defiles. [45] with torments of hell in her breast. [46] in Nature's universe. [47] embitters. [48] painful recollections. [49] of bygone happiness. [50] rise through the smiling face of your child. [51] Hell enthrals me. [52] Furies' Rods. [53] does his perjury let its murderous effect be felt. [54] the hydra twined itself round me, i. e. despair overcame me. [55] overtake. Note the force of the prefix er, which is the correlative of ver, and implies the obtaining of a result: ver generally implies loss or injury. Other prefixes which alter the meanings of the verb to which they are attached are ent, zer, be. Ge was once intensive. Examples are eilen, to hasten; ereilen, to overtake: gehen, to go; vergehen, to perish. (Ent implies opposition, e. g. entsinnen, to remember: zer implies distribution; reißen, to tear; zerreißen to tear in pieces: be changes an intransitive into a transitive verb; speak, bespeak: denken, to think; gedenken, to remember. [56] awake you with a thunder-clap. [57] faint flickering. [58] in its bloody garments. [59] drive you back with a scourge from the gates of Paradise. [60] ebbed away likewise. [61] my burning grief. [62] I will bury with myself. [63] blaze up and devour the pile. [64] at one time. [65] the snare by which my virtue was deceived. [66] executioner. [67] can you not break a frail lily?

These lines are interesting in that they draw attention to the criminal, and produce a feeling of terror for the crime. There is nothing to individualise Louisa.

~~~~~~~~

## 3. Die Schlacht.

1.      Schwer und dumpfig,
        Eine Wetterwolke,
Durch die grüne Ebne schwankt der Marsch.[1]
    Zum wilden eisernen Würfelspiel

Streckt sich unabsehlich[2] das Gefilde.
    Blicke kriechen niederwärts,
An die Rippen pocht das Männerherz,
    Vorüber an hohlen Todtengesichtern[3]
Niederjagt die Front der Major:
        Halt!
Und Regimenter fesselt das starre Commando.

      Lautlos steht die Front.

2. Prächtig[4] im glühenden Morgenroth
  Was blitzt dort her vom Gebirge?
Seht ihr des Feindes Fahnen wehn?[5]
Wir sehn des Feindes Fahnen wehn,
Gott mit euch, Weib und Kinder!
Lustig! hört ihr den Gesang?
Trommelwirbel, Pfeifenklang[6]
Schmettert durch die Glieder;[7]
Wie braust es fort im schönen, wilden Takt!
Und braust durch Mark und Bein.

      Gott befohlen, Brüder!
      In einer andern Welt wieder![8]

3. Schon fleugt[9] es fort wie Wetterleucht,[10]
Dumpf brüllt der Donner schon dort,
Die Wimper zuckt,[11] hier kracht es laut,[12]
Die Losung[13] braust von Heer zu Heer —
Laß brausen[14] in Gottes Namen fort,
Freier schon athmet die Brust.

      Der Tod ist los — schon wogt sich[15] der Kampf,
      Eisern im wolkigten Pulverdampf,[16]
      Eisern fallen die Würfel.[17]

4. Nah umarmen die Heere sich;[18]
Fertig! heult's von P'loton zu P'loton;
Auf die Kniee geworfen
Feuern die Vordern, viele stehen nicht mehr auf,
Lücken reißt die streifende Kartätsche,[19]
Auf Vormanns Rumpfe springt der Hintermann,[20]
Verwüstung rechts und links und um und um,
Bataillone niederwälzt der Tod.

> Die Sonne löscht aus, heiß brennt die Schlacht,
> Schwarz brütet[21] auf dem Heer die Nacht —
> Gott befohlen, Brüder!
> In einer andern Welt wieder!

5. Hoch sprizt an den Nacken[22] das Blut,
Lebende wechseln mit Todten, der Fuß
Strauchelt über den Leichnamen —
„Und auch du, Franz?"[23] — „„Grüße mein Lottchen, Freund!""
Wilder immer wüthet der Streit;
„Grüßen will ich" — Gott! Kameraden, seht!
Hinter uns wie die Kartätsche springt! —
„Grüßen will ich dein Lottchen, Freund!
„Schlummre sanft! wo die Kugelsaat
„Regnet, stürz' ich Verlassner hinein."

> Hierher, dorthin schwankt[24] die Schlacht,
> Finstrer brütet auf dem Heer die Nacht —
> Gott befohlen, Brüder!
> In einer andern Welt wieder!

6. Horch! was strampft[25] im Galopp vorbei?
Die Adjutanten fliegen,
Dragoner rasseln in[26] den Feind,
Und seine Donner[27] ruhen.

Victoria, Brüder!

   Schrecken reißt die feigen Glieder,[28]
   Und seine Fahne sinkt. —

   Entschieden ist die scharfe Schlacht,
   Der Tag blickt siegend[29] durch die Nacht!
   Horch! Trommelwirbel, Pfeifenklang
   Stimmen schon Triumphgesang!
   Lebt wohl, ihr gebliebenen Brüder!
   In einer andern Welt wieder!

### Notes.

[1] the army on its march. [2] à perte de vue. [3] past hollow faces, as pale as death. [4] This is the beginning of the officer's speech; [5] it ends here, and the soldiers reply. [6] the roll of the drum, and the bugle call. [7] thrills through the rank and file. [8] we shall meet again in another world. [9] poet: for flieht. [10] sheet-lightning. [11] the eye-lash quivers, i. e. one eye is closed to take aim. [12] on this side it (the thunder of the artillery) roars. [13] The command to dismount the guns. [14] fire away. [15] surges around. [16] from clouds of powder smoke. [17] Compare Würfelspiel in 1, 4. [18] The armies are almost touching. [19] the whizzing grape-shot makes gaps in the ranks. [20] the rear-rank man closes up and stands on the body of the front-rank man. [21] lowers gloomily. [22] as high as the shoulder. [23] These are the last words between a dying soldier and a comrade. [24] inclines now this way, now that way. [25] for stampft. [26] rattle as they charge. [27] the thunder of his guns. [28] their cowardly limbs. [29] gleams triumphantly.

## 4. Graf Eberhard der Greiner[1] von Württemberg.

### Kriegslied.

1. Ihr — ihr dort außen in der Welt,
   Die Nasen eingespannt![2]
   Auch manchen Mann, auch manchen Held,
   Im Frieden[3] gut und stark im Feld,[3]
   Gebar das Schwabenland.

2. Prahlt nur mit Karl[4] und Eduard,[5]
Mit Friedrich,[6] Ludewig![7]
Karl, Friedrich, Ludwig, Eduard
Ist uns der Graf, der Eberhard,
Ein Wettersturm[8] im Krieg.

3. Und auch sein Bub,[9] der Ulerich,
War gern, wo's eisern klang;[10]
Des Grafen Bub, der Ulerich,
Kein Fußbreit rückwärts zog er sich,
Wenn's drauf und drunter sprang.[11]

4. Die Reutlinger,[12] auf unsern Glanz
Erbittert, kochten Gift,[13]
Und buhlten um den Siegeskranz[14]
Und wagten manchen Schwertertanz
Und gürteten die Hüft'.

5. Er griff sie an — und siegte nicht
Und kam gepantscht nach Haus;
Der Vater schnitt ein falsch Gesicht,[15]
Der junge Kriegsmann floh das Licht,
Und Thränen drangen 'raus.

6. Das wurmt ihm[16] — Ha! ihr Schurken wart![17]
Und trug's in seinem Kopf.
Auswetzen, bei des Vaters Bart!
Auswetzen wollt' er diese Schart'[18]
Mit manchem Städtlerschopf.[19]

7. Und Fehd' entbrannte bald darauf
Und zogen Roß und Mann
Bei Döffingen[20] mit hellem Hauf,[21]
Und heller[22] ging's dem Junker auf,
Und hurrah! heiß ging's an.

8. Und unsers Heeres Losungswort[23]
   War die verlorne Schlacht;
   Das riß uns wie die Windsbraut fort
   Und schmiß uns tief in Blut und Mord
   Und in die Lanzennacht.[24]

9. Der junge Graf, voll Löwengrimm,[25]
   Schwung seinen Heldenstab,[26]
   Wild vor ihm ging das Ungestüm,
   Geheul und Winseln[27] hinter ihm
   Und um ihn her das Grab.

10. Doch weh! ach weh! ein Säbelhieb
    Sunk schwer auf sein Genick.
    Schnell um ihn her der Helden Trieb,
    Umsonst! umsonst! erstarret blieb
    Und sterbend brach sein Blick.

11. Bestürzung[28] hemmt des Sieges Bahn,
    Laut weinte Feind und Freund —
    Hoch führt der Graf die Reiter an:
    Mein Sohn ist wie ein andrer Mann!
    Marsch, Kinder! In den Feind!

12. Und Lanzen sausen feuriger,[29]
    Die Rache spornt sie all,
    Rasch über Leichen ging's daher,[30]
    Die Städtler laufen kreuz und quer[31]
    Durch Wald und Berg und Thal.

13. Und zogen wir mit Hörnerklang[32]
    Ins Lager froh zurück,
    Und Weib und Kind im Rundgesang
    Beim Walzer und beim Becherklang
    Lustfeiern unser Glück.

14. Doch unser Graf — was thät er itzt?
Vor ihm der todte Sohn.
Allein in seinem Zelte sitzt
Der Graf und eine[33] Thräne blitzt
Im Aug' auf seinen Sohn.

15. Drum hangen wir so treu und warm
Am Grafen, unserm Herrn.
Allein ist er ein Heldenschwarm,[34]
Der Donner ras't in seinem Arm,[35]
Er ist des Landes Stern.

16. Drum ihr dort draußen in der Welt,
Die Nasen eingespannt![36]
Auch manchen Mann, auch manchen Held,
Im Frieden gut und stark im Feld,
Gebar das Schwabenland.

### Notes.

[1] the wrangler.  [2] draw in your horns, i. e. do not boast so
much.  [3] domi militiaeque.  [4] Charles the Great.  [5] Edward I.
and Edward, the Black Prince.  [6] Frederick I. and II. of Hohen-
staufen.  [7] Louis VII. and IX. of France.  [8] a raging storm.  [9] his
son.  [10] liked to be amid the clash of arms.  [11] in the turmoil
of battle.  [12] referring to the battle of Reutlingen, May 14th 1377.
[13] foamed with bile.  [14] strove for victory.  [15] his father was
much displeased.  [16] that grieved him.  [17] this was what he said
to himself.  [18] he wished to atone for that failure.  [19] townsman's
scalp.  [20] August 23d 1388.  [21] with a sturdy troop.  [22] See hellem
in the previous line.  Translate "and sturdier did the young man's
spirits become."  [23] watchword.  [24] shadow of the spears.  [25] full
of the courage of a lion.  [26] the sword, with which he wrought
heroic deeds.  [27] groaning.  [28] consternation.  [29] with fiercer
impetus.  [30] the mass passed forward.  [31] in all directions.
[32] with the trumpets braying.  [33] one single.  [34] a host in
himself.  [35] his arm has the force of a thunder-bolt.  [36] See note 2.
Count Eberhard reigned 1344—92.

## 5. An die Freude.[1]

1. Freude, schöner Götterfunken,[2]
   Tochter aus Elysium,
   Wir betreten feuertrunken,[3]
   Himmlische, dein Heiligthum.
   Deine Zauber binden wieder,
   Was die Mode streng getheilt;[4]
   Alle Menschen werden Brüder,
   Wo dein sanfter Flügel weilt.

### Chor.

   Seid umschlungen,[5] Millionen!
   Diesen Kuß der ganzen Welt![6]
   Brüder — überm Sternenzelt
   Muß ein lieber Vater wohnen.

2. Wem der große Wurf gelungen,[7]
   Eines Freundes Freund zu sein,
   Wer ein holdes Weib errungen,
   Mische seinen Jubel ein![8]
   Ja — wer auch nur eine Seele
   Sein nennt auf dem Erdenrund!
   Und wer's nie gekonnt,[9] der stehle
   Weinend sich aus diesem Bund.

### Chor.

Was den großen Ring[10] bewohnet,
Huldige der Sympathie!
Zu den Sternen[11] leitet sie,
Wo der Unbekannte thronet.

3. Freude trinken[12] alle Wesen
   An den Brüsten der Natur;
   Alle Guten, alle Bösen
   Folgen ihrer Rosenspur.[13]
   Küsse gab sie uns und Reben,
   Einen Freund, geprüft im Tod;
   Wollust ward dem Wurm gegeben,[14]
   Und der Cherub steht vor Gott.

### Chor.

Ihr stürzt nieder,[15] Millionen?
Ahnest du den Schöpfer, Welt?
Such' ihn überm Sternenzelt!
Ueber Sternen muß er wohnen.

4. Freude heißt die starke Feder[16]
   In der ewigen Natur.
   Freude, Freude treibt die Räder
   In der großen Weltenuhr.
   Blumen lockt sie aus den Keimen,
   Sonnen aus dem Firmament,
   Sphären rollt sie in den Räumen,
   Die des Sehers Rohr[17] nicht kennt.

### Chor.

Froh, wie seine Sonnen fliegen
Durch des Himmels prächt'gen Plan,[18]

Wandelt, Brüder, eure Bahn,
Freudig, wie ein Held zum Siegen.

5. Aus der Wahrheit Feuerspiegel[19]
    Lächelt sie den Forscher[20] an.
Zu der Tugend steilem Hügel[21]
    Leitet sie des Dulders Bahn.
Auf des Glaubens Sonnenberge
    Sieht man ihre Fahnen wehn,
Durch den Riß gesprengter Särge[22]
    Sie im Chor der Engel stehn.

**Chor.**

Duldet muthig, Millionen!
    Duldet für die beßre Welt!
    Droben überm Sternenzelt
Wird ein großer Gott belohnen.

6. Göttern kann man nicht vergelten,[23]
    Schön ist's, ihnen gleich zu sein.
Gram und Armuth soll sich melden[24]
    Mit den Frohen sich erfreun.
Groll und Rache sei vergessen,
    Unserm Todfeind sei verziehn.
Keine Thräne soll ihn pressen,
    Keine Reue nage ihn.

**Chor.**

Unser Schuldbuch sei vernichtet![25]
    Ausgesöhnt die ganze Welt!
    Brüder — überm Sternenzelt
Richtet Gott, wie wir gerichtet.[26]

7. **Freude** sprudelt in Pokalen;
　　In der Traube goldnem Blut
　　Trinken Sanstmuth[27] Kannibalen,
　　Die Verzweiflung Heldenmuth[28] — —
　　Brüder, fliegt von euren Sitzen,
　　Wenn der volle Römer kreist,[29]
　　Laßt den Schaum zum Himmel spritzen:
　　Dieses Glas[30] dem guten Geist!

**Chor.**
Den der Sterne Wirbel loben,[31]
Den des Seraphs Hymne preist,
Dieses Glas dem guten Geist
Ueberm Sternenzelt dort oben!

8. **Festen** Muth[32] in schwerem Leiden,
　　Hilfe, wo die Unschuld weint,
　　Ewigkeit geschwornen Eiden,
　　Wahrheit gegen[33] Freund und Feind,
　　Männerstolz vor Königsthronen, —
　　Brüder, gält' es Gut und Blut —
　　Dem Verdienste[34] seine Kronen,
　　Untergang der Lügenbrut!

**Chor.**
Schließt den heil'gen Zirkel dichter,[35]
Schwört bei diesem goldnen Wein,
Dem Gelübde treu zu sein,
Schwört es bei dem Sternenrichter!

**N o t e s.**
[1] This poem expresses the thanks of the composer to Providence for the change in his prospects, Schiller having just obtained the patronage of the court of Weimar. It is said to have been com-

posed at Gohlis, near Leipzig. ² glitter reflected from the glory of the gods. ³ with ardent rapture; feuer in feuertrunken corresponds to funken in line 1. ⁴ what fashion separates with its stern rule. ⁵ you are welcome. ⁶ Supply tragen Sie. ⁷ he who has staked high, and been successful. ⁸ let him join in the joyful chorus. ⁹ i. e. the man who is incapable of making even one single friend. ¹⁰ the circle of nations. ¹¹ heavenwards. ¹² suck. ¹³ their path of roses. ¹⁴ bliss is allowed to the meanest of reptiles. ¹⁵ bow down. ¹⁶ the main-spring. The world is likened to a watch (Weltenuhr), in which joy is the main spring, which sets the wheels (die Räder) in motion. ¹⁷ Fernrohr, a telescope. ¹⁸ the solar system. ¹⁹ brightly-flashing mirror. ²⁰ the searcher. ²¹ it cheers the toilsome ascent, and triumphs with the traveller when he reaches the summit. ²² the poet has in his mind's eye the picture of the dead bursting their coffins, and rising in freedom out of the bondage of Hell. ²³ give sufficient returns for benefits received. ²⁴ must be attended to. ²⁵ let our creditors be forgiven ²⁶ with what measure ye mete, it shall be meted to you again. ²⁷ gentleness. ²⁸ those previously in despair imbibe courage. ²⁹ as the brimming goblet goes round. ³⁰ let us drink this glass. ³¹ he whom the stars praise as they revolve. ³² accusative after schwören wir, or some similar word, which must be supplied. ³³ in the face of. ³⁴ to merit. ³⁵ draw the sacred circle closer.

---

# 6. Resignation.¹

1. Auch ich war in Arkadien geboren,²
   Auch mir hat die Natur
   An meiner Wiege Freude zugeschworen;
   Auch ich war in Arkadien geboren,
       Doch Thränen gab der kurze Lenz mir nur.

2. Des Lebens Mai blüht einmal und nicht wieder;
   Mir hat er abgeblüht.³
   Der stille Gott⁴ — o weinet, meine Brüder —
   Der stille Gott taucht meine Fackel nieder,⁵
   Und die Erscheinung⁶ flieht.

3. Da steh' ich schon auf deiner finstern Brücke,
   Furchtbare Ewigkeit!

Empfange meinen Vollmachtbrief[7] zum Glücke!
Ich bring' ihn unerbrochen[8] dir zurücke,
Ich weiß nichts von Glückseligkeit.

4. Vor deinem Thron erheb' ich meine Klage,
   Verhüllte Richterin.
   Auf jenem Stern ging eine frohe Sage,
   Du thronest hier mit des Gerichtes Wage,
   Und nennest dich Vergelterin.

5. Hier, spricht man, warten Schrecken auf den Bösen,
   Und Freuden auf den Redlichen.
   Des Herzens Krümmen[9] werdest du entblößen,
   Der Vorsicht Räthsel[10] werdest du mir lösen,
   Und Rechnung halten mit dem Leidenden.

6. Hier öffne sich die Heimath dem Verbannten,
   Hier endige des Dulders Dornenbahn.
   Ein Götterkind, das sie mir Wahrheit nannten,
   Die Meisten flohen, Wenige nur kannten,
   Hielt meines Lebens raschen Zügel an.[11]

7. „Ich zahle dir in einem andern Leben,
   Gib deine Jugend mir!
   Nichts kann ich dir als diese Weisung geben."[12]
   Ich nahm die Weisung auf das andre Leben,
   Und meiner Jugend Freuden gab ich ihr.

8. „Gib mir das Weib, so theuer deinem Herzen,
   Gib deine Laura mir!
   Jenseits der Gräber wuchern deine Schmerzen,"[13] —
   Ich riß sie blutend aus dem wunden Herzen,
   Und weinte laut, und gab sie ihr.

2*

9. „Die Schuldverschreibung lautet an die Todten,"[14]
　　Hohnlächelte die Welt;
„Die Lügnerin, gedungen von Despoten,[15]
Hat für die Wahrheit Schatten dir geboten,
　　Du bist nicht mehr, wenn dieser Schein verfällt."[16]

10. Frech witzelte das Schlangenheer der Spötter:
　　„Vor einem Wahn, den nur Verjährung weiht,[17]
Erzitterst du? Was sollen deine Götter,[18]
Des kranken Weltplans schlau erdachte Retter,
　　Die Menschenwitz des Menschen Nothdurft[19] leiht?"

11. „Was heißt die Zukunft, die uns Gräber decken?
　　Die Ewigkeit, mit der du eitel prangst?[20]
Ehrwürdig nur, weil Hüllen sie verstecken,
Der Riesenschatten unsrer eignen Schrecken
　　Im hohlen Spiegel der Gewissensangst."[21]

12. „Ein Lügenbild[22] lebendiger Gestalten,
　　Die Mumie der Zeit,[23]
　Vom Balsamgeist der Hoffnung in den kalten
Behausungen des Grabes hingehalten,
　　Das nennt dein Fieberwahn[24] Unsterblichkeit?"

13. „Für Hoffnungen — Verwesung straft sie Lügen[25] —
　　Gabst du gewisse Güter[26] hin?
Sechstausend Jahre hat der Tod geschwiegen,
Kam je ein Leichnam aus der Gruft gestiegen,
　　Der Meldung that von der Vergelterin?"[27]

14. Ich sah die Zeit nach deinen Ufern fliegen,
　　Die blühende Natur
Blieb hinter ihr, ein welker Leichnam, liegen,
Kein Todter kam aus seiner Gruft gestiegen,
　　Und fest vertraut' ich auf den Götterschwur.[28]

15. All meine Freuden hab' ich dir geschlachtet,[29]
   Jetzt werf' ich mich vor deinen Richterthron.
   Der Menge Spott hab' ich beherzt verachtet,[30]
   Nur deine Güter hab' ich groß geachtet,[31]
   Vergelterin, ich fordre meinen Lohn.

16. „Mit gleicher Liebe lieb' ich meine Kinder!"
   Rief unsichtbar ein Genius.
   „Zwei Blumen, rief er, hört es, Menschenkinder,
   Zwei Blumen blühen für den weisen Finder,
   Sie heißen Hoffnung und Genuß."

17. „Wer dieser Blumen eine brach, begehre
   Die andre Schwester nicht.
   Genieße, wer nicht glauben kann.[32]  Die Lehre
   Ist ewig, wie die Welt. Wer glauben kann, entbehre!
   Die Weltgeschichte ist das Weltgericht."[33]

18. „Du hast gehofft, dein Lohn ist abgetragen,
   Dein Glaube war dein zugewognes Glück.[34]
   Du konntest deine Weisen fragen,
   Was man von der Minute ausgeschlagen[35]
   Gibt keine Ewigkeit zurück."

### Notes.

[1] This poem is expressive of Schillers private grievances.
[2] Arcadia was the proverbial land of bliss. the land of idyllic
happiness. [3] it has faded away for me. [4] i. e. Death. [5] is
quenching (by plunging under the water) my torch. This torch
is the emblem of life itself. [6] the visible world. [7] credentials.
[8] with the seals unbroken, i. e. unopened. [9] the by-ways of my
heart, i. e. the impure spots. [10] the riddle of Providence. [11] placed
a firm hand on the reins, as I drove on in wild career. [12] I can
do nothing but assign it to you. [13] your grief shall be redeemed
with usury. [14] the obligation falls upon the dead. [15] bribed by
despots. [16] when this phantom shall have fled. [17] which pre-
scription alone ordains. [18] what is the use of your gods? [19] help-
less woe. [20] concerning which thou makest such vain boasts.

These are the taunts of the scoffers. ²¹ seen in the hollow mirror
of remorse. ²² a false image. ²³ nothing real or substantial, but
merely the shadow of real life. ²⁴ feverish dilirium. ²⁵ corruption
accuses you of lying. ²⁶ real benefits (in exchange for unreal ones).
²⁷ of the Requiting one. ²⁸ yet I still trusted firmly to that
divine oath. ²⁹ sacrificed on your altar. ³⁰ have I boldly despised.
³¹ were well-prized by me. ³² let him who cannot believe, enjoy.
³³ the world's history is its own judgment. The meaning is "we
encompass judgment for ourselves, even during this life." ³⁴ the
happiness pledged to you. ³⁵ as much of the present time as is
neglected by us.

# 7. Die Götter Griechenlands.

1. Da ihr noch die schöne Welt regieret,¹
An der Freude leichtem Gängelband²
Selige Geschlechter noch geführet,
Schöne Wesen aus dem Fabelland!
Ach, da euer Wonnedienst³ noch glänzte,
Wie ganz anders, anders war es da!
Da man deine Tempel noch bekränzte,
Venus Amathusia!⁴

2. Da der Dichtung zauberische Hülle
Sich noch lieblich um die Wahrheit wand, —
Durch die Schöpfung floß da Lebensfülle,
Und was nie empfinden wird,⁵ empfand.
An der Liebe Busen sie zu drücken,
Gab man höhern Adel⁶ der Natur,
Alles wies den eingeweihten Blicken,⁷
Alles eines Gottes Spur.

3. Wo jetzt nur, wie unsre Weisen sagen,
Seelenlos ein Feuerball sich dreht,
Lenkte damals seinen goldnen Wagen
Helios in stiller Majestät.

Diese Höhen füllten Oreaden,[8]
Eine Dryas lebt' in jenem Baum,
Aus den Urnen lieblicher Najaden
Sprang der Ströme Silberschaum.

4. Jener Lorbeer[9] wand sich einst um Hilfe,
Tantals Tochter[10] schweigt in diesem Stein,
Syrinx[11] Klage tönt' aus jenem Schilfe,[12]
Philomelas Schmerz aus diesem Hain.[13]
Jener Bach empfing Demeters Zähre,[14]
Die sie um Persephonen geweint,
Und von diesem Hügel rief Cythere[15]
Ach, umsonst! dem schönen Freund.[16]

5. Zu Deukalions Geschlechte[17] stiegen
Damals noch die Himmlischen herab;
Pyrrhas schöne Töchter[18] zu besiegen,
Nahm der Leto Sohn[19] den Hirtenstab.[20]
Zwischen Menschen, Göttern und Heroen
Knüpfte Amor einen schönen Bund,
Sterbliche mit Göttern und Heroen
Huldigten in Amathunt.[21]

6. Finstrer Ernst und trauriges Entsagen[22]
War aus eurem heitern Dienst verbannt;
Glücklich sollten alle Herzen[23] schlagen,
Denn euch war der Glückliche verwandt.
Damals war nichts heilig, als das Schöne,
Keiner Freude schämte sich der Gott,
Wo die keusch erröthende Camöne,[24]
Wo die Grazie gebot.[25]

7. Eure Tempel lachten gleich Palästen,
Euch verherrlichte das Heldenspiel
An des Isthmus kronenreichen Festen,[26]
Und die Wagen donnerten zum Ziel.
Schön geschlungne, seelenvolle[27] Tänze
Kreisten um den prangenden Altar,
Eure Schläfe schmückten Siegeskränze,
Kronen euer duftend Haar.

8. Das Evoe muntrer Thyrsusschwinger[28]
Und der Panther prächtiges Gespann[29]
Meldeten den großen Freudebringer,
Faun[30] und Satyr taumeln ihm voran;
Um ihn springen rasende Mänaden,[31]
Ihre Tänze loben seinen Wein,
Und des Wirthes braune Wangen laden
Lustig zu dem Becher ein.

9. Damals trat kein gräßliches Gerippe
Vor das Bett des Sterbenden. Ein Kuß
Nahm das letzte Leben von der Lippe,
Seine Fackel senkt' ein Genius.[32]
Selbst des Orkus strenge Richterwage
Hielt der Enkel einer Sterblichen,[33]
Und des Thrakers[34] seelenvolle Klage
Rührte die Erinnyen.

10. Seine Freuden traf der frohe Schatten
In Elysiens Hainen wieder an,
Treue Liebe fand den treuen Gatten,
Und der Wagenlenker seine Bahn;[35]
Linus'[36] Spiel tönt die gewohnten Lieder,
In Alcestens Arme sinkt Admet,[37]

Seinen Freund[38] erkennt Orestes wieder,
Seine Pfeile[39] Philoktet.

11. Höhre Preise stärkten da den Ringer
Auf der Tugend arbeitvoller Bahn;[40]
Großer Thaten herrliche Vollbringer
Klimmten zu den Seligen hinan.
Vor dem Wiederforderer der Todten[41]
Neigte sich der Götter stille Schaar;[42]
Durch die Fluthen leuchtet dem Piloten
Vom Olymp das Zwillingspaar.[43]

12. Schöne Welt, wo bist du? Kehre wieder,
Holdes Blüthenalter der Natur!
Ach, nur in dem Feenland der Lieder[44]
Lebt noch deine fabelhafte Spur.
Ausgestorben trauert das Gefilde,[45]
Keine Gottheit zeigt sich meinem Blick,
Ach, von jenem lebenwarmen Bilde
Blieb der Schatten nur zurück.

13. Alle jene Blüthen sind gefallen
Von des Nordens schauerlichem Wehn;[46]
Einen zu bereichern unter allen,
Mußte diese Götterwelt vergehn.[47]
Traurig such' ich an dem Sternenbogen,[48]
Dich, Selene,[49] find' ich dort nicht mehr;
Durch die Wälder ruf' ich, durch die Wogen,
Ach, sie wiederhallen leer.

14. Unbewußt der[50] Freuden, die sie schenket,
Nie entzückt von ihrer Herrlichkeit,
Nie gewahr des Geistes,[51] der sie lenkt,

Sel'ger nie⁵² durch meine Seligkeit,
Fühllos selbst für ihres Künstlers Ehre,
Gleich dem todten Schlag⁵³ der Pendeluhr,
Dient sie knechtisch dem Gesetz der Schwere,⁵⁴
Die entgötterte Natur.⁵⁵

15. Morgen wieder neu sich zu entbinden,⁵⁶
Wühlt sie heute sich ihr eignes Grab,
Und an ewig gleicher Spindel winden
Sich von selbst die Monde auf und ab.
Müßig kehrten zu dem Dichterlande
Heim die Götter, unnütz einer Welt,
Die, entwachsen ihrem Gängelbande,⁵⁷
Sich durch eignes Schweben⁵⁸ hält.

16. Ja, sie kehrten heim, und alles Schöne,
Alles Hohe⁵⁹ nahmen sie mit fort,
Alle Farben, alle Lebenstöne,
Und uns blieb nur das entseelte Wort.
Aus der Zeitfluth⁶⁰ weggerissen, schweben
Sie gerettet auf des Pindus Höhn;
Was unsterblich im Gesang soll leben,
Muß im Leben untergehn.⁶¹

**Notes.**

¹ perfect tense, like geführet in next line but one, perfect for imperfect.  ² leading string.  ³ joyful service.  ⁴ there was a temple dedicated to Venus at Amathus, on the south of the island of Cyprus.  ⁵ and what will never feel again.  ⁶ nobility, i. e. power.  ⁷ to the eyes of the initiated.  ⁸ nymphs supposed to inhabit mountains and grottos.  Akin to them were the Dryades, woodnymphs, and the Naïades, water-nymphs.  ⁹ Daphne, the daughter of Peneus, was pursued by Apollo who was enchanted by her beauty; praying for aid, she was transformed into a bay-tree (δάφνη).  ¹⁰ Niobe.  She boasted that she was superior to Leto, on account of the number of her children, so Apollo and Artemis killed them all: she herself being transformed by Zeus into a stone

on Mt. Sipylus in Lydia. [11] an Arcadian nymph; being pursued by Pan, she fled into the river Ladon, and at her own request became a reed. [12] sedge. [13] Philomela was sister to Procne who had married Tereus; being dishonoured by him, both sisters fled, and were transformed into birds. [14] Demeter was the mother of Persephone, who was carried off by Pluto. [15] i. e. Aphrodite, so called from being worshipped in an island of that name, off Laconia. [16] Adonis, who was killed by a boar whilst hunting. [17] Deucalion and his wife were the only two persons saved from the nine days flood; they were told to throw stones behind them, from which arose a new race of men. [18] Pyrrha was the wife of Deucalion. [19] Apollo. He used to herd the flocks of Laomedon and Admetus, but as a punishment, and not out of love for a mortal. [20] the shepherd's crook. [21] i. e. Amathus from which Venus took her name. [22] gloomy severity and sad refusals. [23] all hearts are said to have. [24] the muse. [25] where the fair one chose to exercise her power. [26] at the crown-clad Isthmian games. [27] rapturous. [28] the Evoë of merry thyrsus-holders. "Evoë" was the cry of the Bacchants, the thyrsus was the wand which they carried; it was covered with ivy and vine leaves. [29] Bacchus was drawn in his chariot by a team of tigers. [30] we never hear elsewhere of Fauns following in the train of Bacchus. The Faun is of Roman origin. [31] raging Mænads. [32] Compare "Resignation" 2, 4. [33] the descendant of a mortal, viz. Minos, king of Crete. [34] Orpheus. His lamentations were for his wife, who had died from the bite of a snake. [35] Compare "quæ gratia currum armorumque fuit vivis, eadem sequitur tellure repostos". Virg. Æn. 6, 655. [36] Linus was lamentation personified. [37] Alcestis had died instead of Admetus. [38] Pylades. [39] the arrows of Hercules without which Troy could not be taken. [40] pressing on along the toilsome path of Virtue. [41] Hercules. [42] the gods of the lower regions. [43] Castor and Pollux. [44] in the imaginary realm of song. [45] the plain. [46] from the piercing blast of the north wind. [47] was made to pass away. [48] the starry vault of heaven. [49] the goddess of the moon. [50] unconscious of. [51] never knowing the spirit. [52] never made happier. [53] like the monotonous tick. [54] the law of gravitation. [55] Nature deprived of her divinity. [56] to free herself. [57] casting off his leading strings. [58] by its own motive power. [59] all that was lofty. [60] time's current. [61] This poem is less than half the length of the original; the author eradicated many passages which gave offence to the men of his time on account of the opinions expressed in them.

# Gedichte der dritten Periode.

## 8. Die Ideale.

1. So willst du treulos von mir scheiden
   Mit deinen holden Phantasien,
   Mit deinen Schmerzen, deinen Freuden,
   Mit allen unerbittlich[1] fliehn?
   Kann nichts dich, Fliehende, verweilen,
   O meines Lebens goldne Zeit?
   Vergebens, deine Wellen[2] eilen
   Hinab ins Meer der Ewigkeit.

2. Erloschen sind die heitern Sonnen,
   Die meiner Jugend Pfad erhellt;
   Die Ideale[3] sind zerronnen,[4]
   Die einst das trunkne Herz geschwellt;
   Er ist dahin, der süße Glaube
   An Wesen, die mein Traum gebar,[5]
   Der rauhen Wirklichkeit zum Raube,
   Was einst so schön, so göttlich war.

3. Wie einst mit flehendem Verlangen
   Pygmalion[6] den Stein umschloß,
   Bis in des Marmors kalte Wangen
   Empfindung glühend sich ergoß,
   So schlang ich mich mit Liebesarmen
   Um die Natur, mit Jugendlust,
   Bis sie zu athmen, zu erwarmen
   Begann an meiner Dichterbrust.

4. Und, theilend meine Flammentriebe,[7]
Die Stumme eine Sprache fand,
Mir wiedergab den Kuß der Liebe
Und meines Herzens Klang verstand;
Da lebte mir der Baum, die Rose,
Mir sang der Quellen Silberfall,[8]
Es fühlte selbst das Seelenlose[9]
Von meines Lebens Wiederhall.

5. Es dehnte[10] mit allmächt'gem Streben
Die enge Brust ein kreißend All,[11]
Herauszutreten in das Leben,
In That und Wort, in Bild und Schall.[12]
Wie groß war diese Welt gestaltet,
So lang die Knospe sie noch barg;
Wie wenig, ach! hat sich entfaltet,
Dies Wenige, wie klein und karg![13]

6. Wie sprang, von kühnem Muth beflügelt,
Beglückt in seines Traumes Wahn,
Von keiner Sorge noch gezügelt,
Der Jüngling in des Lebens Bahn.
Bis an des Aethers bleichste[14] Sterne
Erhob ihn der Entwürfe Flug;
Nichts war so hoch und nichts so ferne,
Wohin ihr Flügel ihn nicht trug.

7. Wie leicht ward er dahin[15] getragen,
Was war dem Glücklichen zu schwer!
Wie tanzte vor des Lebens Wagen
Die luftige Begleitung her![16]
Die Liebe mit dem süßen Lohne,
Das Glück mit seinem goldnen Kranz,

Der Ruhm mit seiner Sternenkrone,[17]
Die Wahrheit in der Sonne Glanz![18]

8. Doch, ach! schon auf des Weges Mitte[19]
     Verloren die Begleiter sich,
     Sie wandten treulos ihre Schritte,
     Und einer nach dem andern wich.
     Leichtfüßig war das Glück entflogen,[20]
     Des Wissens Durst blieb ungestillt,
     Des Zweifels finstre Wetter[21] zogen
     Sich um der Wahrheit Sonnenbild.[22]

9. Ich sah des Ruhmes heil'ge Kränze
     Auf der gemeinen Stirn entweiht.[23]
     Ach, allzuschnell, nach kurzem Lenze
     Entfloh die schöne Liebeszeit!
     Und immer stiller ward's und immer
     Verlassner auf dem rauhen Steg;
     Kaum warf noch einen bleichen Schimmer
     Die Hoffnung[24] auf den finstern Weg.

10. Von all dem rauschenden Geleite
     Wer harrte liebend bei mir aus?
     Wer steht mir tröstend noch zur Seite
     Und folgt mir bis zum finstern Haus?[25]
     Du, die du alle Wunden heilest,
     Der Freundschaft leise, zarte Hand,
     Des Lebens Bürden liebend theilest,[26]
     Du, die ich frühe sucht' und fand.

11. Und du, die gern sich mit ihr gattet,
     Wie sie, der Seele Sturm beschwört,
     Beschäftigung, die nie ermattet,

Die langsam schafft, doch nie zerstört,[27]
Die zu dem Bau der Ewigkeiten[28]
Zwar Sandkorn nur für Sandkorn reicht,[29]
Doch von der großen Schuld der Zeiten
Minuten, Tage, Jahre streicht.[30]

### Notes.

[1] irrevocably. [2] the current of your river; the golden time of life is compared to a river flowing into the sea — of Eternity. [3] the desires and revolutions of my youth. [4] come to naught. [5] the creation of my dreams. [6] Pygmalion was king of Cyprus, and a sculptor; he prayed to Venus, that the statue which he had executed might be endowed with life, as he wished to take a wife, but found the race of women too wicked. His request was granted. [7] penetrating my fiery impulses. [8] the rushing of the silver streams fell like music on mine ear. [9] inorganic nature. [10] was extending. [11] a universe with a perpetual course of plans, resolutions, and so on. [12] in form and sound. [13] and how small and mean did I think that little. [14] most dim, i. e. most distant. [15] i. e. heavenward. [16] Die lustige Begleitung means the unsubstantial dreams of love, happiness, fame, and truth, as expressed in the following lines. [17] crown of pearls. [18] and truth as he hoped to see it in full light. [19] even before they had travelled half way. [20] good fortune had fled with wanton steps. [21] storms. [22] had clouded over the rays of truth. [23] desecrated. [24] even Hope began to think of leaving him, and soon there remained nothing except Friendship, and Employment (Beschäftigung). [25] i. e., to the grave. [26] who with loving hand doest share the heavy burdens of life. [27] who forms but slowly but never destroys. [28] to Eternity's pile: to this pile every man, and every period of time is forced to add something, no matter how small his contribution may be. [29] only adds one grain at a time. [30] pays off.

~ ~ ~ ~ ~ ~

## 9. Berglied.

1. Am Abgrund leitet der schwindlichte Steg,[1]
Er führt zwischen Leben und Sterben;
Es sperren die Riesen[2] den einsamen Weg
Und drohen dir ewig Verderben;
Und willst du die schlafende Löwin[3] nicht wecken,
So wandle still durch die Straße der Schrecken.

2. Es schwebt eine **B r ü c k e**,[4] hoch über den Rand
Der furchtbaren Tiefe gebogen,[5]
   Sie ward nicht erbauet von Menschenhand,[6]
   Es hätte sich's[7] keiner verwogen,
Der Strom braust unter ihr spat und früh,
Speit ewig hinauf, und zertrümmert sie nie.

3. Es öffnet sich schwarz ein schauriges **T h o r**,[8]
Du glaubst dich im Reiche der Schatten,
   Da thut sich ein lachend Gelände hervor,
   Wo der Herbst und der Frühling sich gatten;[9]
Aus des Lebens Mühen und ewiger Qual
Möcht' ich fliehen in dieses glückselige **T h a l**.

4. Vier **S t r ö m e**[10] brausen hinab in das Feld,
Ihr Quell, der ist ewig verborgen;
   Sie fließen nach allen vier Straßen der Welt,
   Nach Abend, Nord, Mittag und Morgen,
Und wie die Mutter sie rauschend geboren,
Fort fliehn sie und bleiben sich ewig verloren.[11]

5. Zwei **Z i n k e n**[12] ragen ins Blaue der Luft,
Hoch über der Menschen Geschlechter,
   Drauf tanzen, umschleiert mit goldenem Duft,
   Die Wolken, die himmlischen Töchter.
Sie halten dort oben den einsamen Reihn,
Da stellt sich kein Zeuge, kein irdischer, ein.

6. Es sitzt die **Königin**[13] hoch und klar
Auf unvergänglichem[14] Throne,
   Die Stirn umtränzt sie sich wunderbar
   Mit diamantener Krone;
Drauf schießt die Sonne die Pfeile von Licht,
Sie vergolden sie nur und erwärmen sie nicht.[15]

### N o t e s.

[1] i. e. the St. Gotthard Road running from Amsteg to the Teufelsbrücke, about 2½ miles beyond Göschenen. It leads through scenes of great beauty, far above the Reuss. [2] gigantic rocks. [3] = Lawine, the avalanche. [4] the Teufelsbrücke. Near it the Reuss falls in a cascade into a deep abyss; a new bridge was built in 1830, over the old bridge, now disused. [5] built in an arch. [6] The bridge received its name from the native superstition. [7] = sich bes. [8] i. e. a tunnel, a short distance from the Teufelsbrücke, called the Urner Loch; before the tunnel was made, the road lead round over a suspension bridge, called the "Staubende Brücke", alluded to in William Tell, so called because it was always covered with spray: the tunnel which was made in 1707, leads out into the Urseren-Thal (dieses glückselige Thal), a green valley. [9] In this region there is hardly any summer, the winter lasting eight months. [10] the Reuss, the Rhine, the Tessin, and the Rhone. [11] Schiller is not quite accurate here. The Reuss and the Rhine do re-unite. [12] Monte Prosa and Fiendo. [13] the Mutthorn appears to be meant. [14] immortal. [15] i. e. because the summit is always covered with snow.

With Stanzas 2, 3, 4, compare the following passages in "Wilhelm Tell":

### Act V. Scene 2.

Ihr steigt hinauf, dem Strom der Reuß entgegen,
Die wildes Laufes von dem Berge stürzt —
Am Abgrund geht der Weg, und viele Kreuze
Bezeichnen ihn, errichtet zum Gedächtniß
Der Wanderer, die die Lawin' begraben.
So kommt ihr auf die Brücke, welche stäubet,
So reißt ein schwarzes Felsenthor sich auf —
Kein Tag hat's noch erhellt — da geht ihr durch,
Es führt euch in ein heitres Thal der Freude.
So immer steigend, kommt ihr auf die Höhen
Des Gotthardts, wo die ew'gen Seen sind.

~~~~~~~~

## 10. Der Alpenjäger.[1]

1. Willst du nicht das Lämmlein hüten?
   Lämmlein ist so fromm und sanft,
   Nährt sich von des Grases Blüthen,
   Spielend an des Baches Ranft.
   „Mutter, Mutter, laß mich gehen,
   Jagen nach des Berges Höhen!"

2. Willſt du nicht die Heerde locken
    Mit des Hornes munterm Klang?[2]
Lieblich tönt der Schall der Glocken[3]
    In des Waldes Luſtgeſang.[4]
„Mutter, Mutter, laß mich gehen,
Schweifen auf den wilden Höhen!"

3. Willſt du nicht der Blümlein warten,[5]
    Die im Beete freundlich ſtehn?[6]
Draußen ladet dich kein Garten;
    Wild iſt's auf den wilden Höhn!
„Laß die Blümlein, laß ſie blühen!
Mutter, Mutter, laß mich ziehen!"[7]

4. Und der Knabe ging zu jagen,
    Und es treibt und reißt ihn fort,
Raſtlos fort mit blindem Wagen
    An des Berges finſtern Ort;
Vor ihm her mit Windesſchnelle
Flieht die zitternde Gazelle.[8]

5. Auf der Felſen nackte Rippen
    Klettert ſie mit leichtem Schwung,[9]
Durch den Riß[10] geſpaltner Klippen
    Trägt ſie der gewagte Sprung;[11]
Aber hinter ihr verwogen
Folgt er mit dem Todesbogen.[12]

6. Jetzo auf den ſchroffen Zinken
    Hängt ſie,[13] auf dem höchſten Grat,
Wo die Felſen jäh verſinken,
    Und verſchwunden iſt der Pfad.
Unter ſich die ſteile Höhe,
Hinter ſich des Feindes Nähe.

7. Mit des Jammers stummen Blicken
  Fleht sie zu dem harten Mann,
  Fleht umsonst, denn loszudrücken
  Legt er schon den Bogen an;[14]
  Plötzlich aus der Felsenspalte
  Tritt der Geist, der Bergesalte.[15]

8. Und mit seinen Götterhänden
  Schützt er das gequälte Thier.
  „Mußt du Tod und Jammer senden,"
  Ruft er, „bis herauf zu mir?
  Raum für alle hat die Erde!
  Was verfolgst du meine Heerde?"

**Notes.**

[1] This poem is founded on a legend of the valley of Ormond, in the Pays de Vaud. [2] cheerful sound. [3] the tinkling of the sheep-bells. [4] as the wind wafts it across the wood. [5] tend the flowers. [6] smiling pleasantly in the garden. [7] let me be off. [8] i. e. Gemse, the chamois. Gazellen are not found in Europe. [9] nimbly and with energy. [10] over the chasm. [11] it leaps with daring bound. [12] the cross-bow with which the hunter was going to kill the chamois. [13] it pauses. [14] he is already levelling his cross-bow. [15] the man of the mountains, the ancient genius of the Alps.

~~~~~~

## 11. Die vier Weltalter.[1]

1. Wohl perlet· im Glase der purpurne Wein,
  Wohl glänzen die Augen der Gäste;
  Es zeigt sich der Sänger, er tritt herein,
  Zu dem Guten bringt er das Beste;
  Denn ohne die Leier im himmlischen Saal
  Ist die Freude gemein auch beim Nektarmahl.[2]

2. Ihm gaben die Götter das reine Gemüth, [3]
   Wo die Welt sich, die ewige, [4] spiegelt; [5]
Er hat alles gesehn, was auf Erden geschieht,
Und was uns die Zukunft verriegelt; [6]
Er saß in der Götter urältestem Rath,
Und behorchte der Dinge geheimste Saat. [7]

3. Er breitet es lustig und glänzend aus,
   Das zusammengefaltete Leben; [8]
Zum Tempel schmückt er das irdische Haus,
   Ihm hat es die Muse gegeben;
Kein Dach ist so niedrig, keine Hütte so klein,
Er führt einen Himmel voll Götter hinein.

4. Und wie der erfindende Sohn des Zeus [9]
   Auf des Schildes [10] einfachem Runde
Die Erde, das Meer und den Sternenkreis
   Gebildet mit göttlicher Kunde,
So drückt er ein Bild des unendlichen All
In des Augenblicks flüchtig verrauschenden Schall. [11]

5. Er kommt aus dem kindlichen Alter [12] der Welt,
   Wo die Völker sich jugendlich freuten; [13]
Er hat sich, ein fröhlicher Wandrer, gesellt
   Zu allen Geschlechtern und Zeiten.
Vier Menschenalter hat er gesehn
Und läßt sie am fünften [14] vorübergehn.

6. Erst regierte Saturnus [15] schlicht und gerecht, [16]
   Da war es heute wie morgen,
Da lebten die Hirten, ein harmlos Geschlecht,
   Und brauchten für gar nichts zu sorgen;
Sie liebten und thaten weiter nichts mehr,
Die Erde gab alles freiwillig her.

· 7. Drauf kam die Arbeit, der Kampf begann[17]
Mit Ungeheuern und Drachen,[18]
Und die Helden fingen, die Herrscher, an,[19]
Und den Mächtigen[20] suchten die Schwachen.[21]
Und der Streit zog in des Skamanders Feld;[22]
Doch die Schönheit war immer der Gott der Welt.[23]

8. Aus dem Kampfe ging endlich der Sieg hervor,[24]
Und der Kraft entblühte die Milde,
Da sangen die Musen[25] im himmlischen Chor,
Da erhuben sich Göttergebilde[26] —
Das Alter der göttlichen Phantasie,
Es ist verschwunden, es kehret nie.

9. Die Götter sanken vom Himmelsthron,[27]
Es stürzten die herrlichen Säulen,[28]
Und geboren wurde der Jungfrau Sohn,[29]
Die Gebrechen der Erde zu heilen;
Verbannt ward der Sinne flüchtige Lust,[30]
Und der Mensch griff denkend[31] in seine Brust.

10. Und der eitle, der üppige Reiz entwich,
Der die frohe Jugendwelt zierte;
Der Mönch und die Nonne zergeißelten sich[32]
Und der eiserne Ritter turnierte.[33]
Doch war das Leben auch finster und wild,
So blieb doch die Liebe lieblich und mild.

11. Und einen heiligen, keuschen Altar
Bewahrten sich stille die Musen;
Es lebte, was edel und sittlich war,
In der Frauen züchtigem Busen;
Die Flamme des Liedes entbrannte neu
An der schönen Minne[34] und Liebestreu.

12. Drum ſoll auch ein ewiges, zartes Band
    Die Frauen, die Sänger umflechten,
    Sie wirken und weben, Hand in Hand,
    Den Gürtel des Schönen und Rechten.
    Gesang und Liebe in schönem Verein,
    Sie erhalten dem Leben den Jugendſchein.[35]

### N o t e s.

[1] A bard is introduced as celebrating these four ages before our Fifth Age listeners. [2] happiness is incomplete, even at the gods' table. [3] a clear intellect. [4] in its perpetual motion. [5] is reflected, because the poet is supposed to know the rules of all nations. [6] and what the future has debarred from our sight. [7] nor has the smallest tittle escaped his notice. [8] i. e. the unknown world. [9] Vulcan. [10] the shield which he made for Achilles. Compare Iliad 18, 483, and following lines: — ἐν μὲν γαῖαν ἔτευξ', ἐν δ'οὐρανὸν, ἐν δὲ θάλατταν. [11] in one word, spoken at random. [12] from the earliest age. [13] were happy in their prime. [14] i. e. the present age. [15] This was the golden age. [16] honest and just. [17] This was the heroic age. [18] with monsters and dragons. [19] and the heroes began to be the rulers. [20] accusative case. [21] nominative case. [22] the Scamander was a river in the plain of Troy. [23] the Trojan war was undertaken for the sake of the beautiful Helen of Troy. [24] victory at last came forth. [25] This was the age of Grecian arts and civilization. [26] divine forms. [27] were cast from their celestial thrones; the Christian era begins here. [28] the statues of the heathen gods. [29] the Virgin's Son. [30] and fugitive sensual lusts were banished. [31] had recourse to thought. [32] took to scourging themselves. [33] sought the lists. [34] referring to the age of the old ministrels — the "Minnesänger" — they flourished 1170 – 1330. [35] and retain the brilliancy of life's youthful days.

~~~~~~~~

## 12. Nabomeſſers Todtenlied.[1]

1. Seht, da ſitzt er auf der Matte,
   Aufrecht ſitzt er da,
   Mit dem Anſtand,[2] den er hatte,
   Als er 's[3] Licht noch ſah.

2. Doch, wo ist die Kraft der Fäuste,
   Wo des Athems Hauch,
   Der noch jüngst zum großen Geiste[4]
   Blies der Pfeife Rauch?

3. Wo die Augen, falkenhelle,[5]
   Die des Rennthiers Spur
   Zählten auf des Grases Welle,
   Auf dem Thau der Flur?

4. Diese Schenkel, die behender
   Flohen durch den Schnee,
   Als der Hirsch, der Zwanzigender,[6]
   Als des Berges Reh[7]?

5. Diese Arme, die den Bogen
   Spannten streng und straff!
   Seht, das Leben ist entflogen!
   Seht, sie hängen schlaff!

6. Wohl ihm, er ist hingegangen,
   Wo kein Schnee mehr ist,
   Wo mit Mais die Felder prangen,
   Der von selber sprießt;[8]

7. Wo mit Vögeln alle Sträuche,
   Wo der Wald mit Wild,
   Wo mit Fischen alle Teiche
   Lustig sind gefüllt.

8. Mit den Geistern speist er droben,
   Ließ uns hier allein,
   Daß wir sein Thaten loben
   Und ihn scharren ein.[9]

9. Bringet her die letzten Gaben,
    Stimmt die Todtenklag’!
    Alles ſei mit ihm begraben,
    Was ihn freuen mag.

10. Legt ihm unters Haupt die Beile,[10]
    Die er tapfer ſchwang,
    Auch des Bären fette Keule,
    Denn der Weg iſt lang[11];

11. Auch das Meſſer, ſcharf geſchliffen,
    Das vom Feindeskopf
    Raſch mit drei geſchickten Griffen
    Schälte Haut und Schopf[12];

12. Farben auch, den Leib zu malen,
    Steckt ihm in die Hand,
    Daß er röthlich möge ſtrahlen[13]
    In der Seelen Land.

## Notes.

[1] This poem was composed from a description by Carner, an Englishman, who had travelled 1766—8 in North-America and had closely studied the habits of the Nadowessians, a race who live to the west of the Mississipi. Gœthe considered it one of his ablest compositions, but von Humboldt criticised it as wanting in ideality. [2] with the same majestic bearing. [3] for er das. [4] to the great God. [5] keen as a hawk's. [6] when the hart, which ran as if it had twenty legs. [7] than the mountain roe. [8] which requires no tending. [9] bury; literally "put in the ground after scraping a hole to receive him". [10] lay under his head the tomahawk. [11] the natives seem to have provided a corpse with food, with the idea that it was going on a long journey. [12] skin and hair, i. e. the scalp. [13] that he may have a ruddy face.

## 13. Das Siegesfest.[1]

1. Priams Feste war gesunken,
   Troja lag in Schutt und Staub,
   Und die Griechen, siegestrunken,
   Reich beladen mit dem Raub,
   Saßen auf den hohen[2] Schiffen,
   Längs des Hellespontos[3] Strand,
   Auf der frohen Fahrt begriffen[4]
   Nach dem schönen Griechenland.
       Stimmet an die frohen Lieder!
       Denn dem väterlichen Herd
       Sind die Schiffe zugekehrt,
       Und zur Heimath geht es wieder.

2. Und in langen Reihen, klagend,
   Saß der Trojerinnen Schaar,
   Schmerzvoll an die Brüste schlagend,
   Bleich, mit aufgelöstem Haar.
   In das wilde Fest der Freuden
   Mischten sie den Wehgesang,
   Weinend um das eigne Leiden
   In des Reiches Untergang.
       Lebe wohl, geliebter Boden!
       Von der süßen Heimath fern
       Folgen wir dem fremden Herrn.
       Ach wie glücklich sind die Todten!

3. Und den hohen Göttern zündet
   Kalchas[5] jetzt das Opfer an;
   Pallas, die die Städte gründet
   Und zertrümmert, ruft er an,
   Und Neptun,[6] der um die Länder

Seinen Wogengürtel schlingt,
Und den Zeus, den Schreckensender,
Der die Aegis[7] grausend[8] schwingt.
   Ausgestritten, ausgerungen
Ist der lange, schwere Streit,
Ausgefüllt der Kreis der Zeit,
Und die große Stadt bezwungen.

4. Atreus' Sohn,[9] der Fürst der Schaaren,
Uebersah der Völker Zahl,
Die mit ihm gezogen waren
Einst in des Skamanders Thal.
Und des Kummers finstre Wolke
Zog sich um des Königs Blick;
Von dem hergeführten Volke
Bracht' er Wen'ge nur zurück.
   Drum erhebe frohe Lieder,
Wer die Heimath wieder sieht,
Wem noch frisch das Leben blüht!
Denn nicht alle kehren wieder.

5. Alle nicht, die wieder kehren,
Mögen sich des Heimzugs freun,
An den häuslichen Altären
Kann der Mord bereitet sein.
Mancher fiel durch Freundestücke,[10]
Den die blut'ge Schlacht verfehlt!
Sprach's Ulyß mit Warnungsblicke,
Von Athenens Geist beseelt.
   Glücklich, wenn der Gattin Treue
Rein und keusch das Haus bewahrt!
Denn das Weib ist falscher Art,
Und die Arge liebt das Neue.

6. Und des frisch erkämpften Weibes[11]
   Freut sich der Atrid,[12] und strickt
   Um den Reiz des schönen Leibes
   Seine Arme hochbeglückt.
   Böses Werk muß untergehen,
   Rache folgt der Freveltat;
   Denn gerecht in Himmelshöhen
   Waltet des Kroniden[13] Rath.
   Böses muß mit Bösem enden;
   An dem frevelnden Geschlecht
   Rächet Zeus das Gastesrecht,[14]
   Wägend[15] mit gerechten Händen.

7. Wohl dem Glücklichen mag's ziemen,
   Ruft Oileus' tapfrer Sohn,[16]
   Die Regierenden zu rühmen
   Auf dem hohen Himmelsthron!
   Ohne Wahl vertheilt die Gaben,
   Ohne Billigkeit das Glück;
   Denn Patroklus liegt begraben,[17]
   Und Thersites[18] kommt zurück!
       Weil das Glück aus seiner Tonnen
       Die Geschicke blind verstreut,
       Freue sich und jauchze heut,
       Wer das Lebensloos gewonnen!

8. Ja der Krieg verschlingt die Besten![19]
   Ewig werde dein gedacht,
   Bruder,[20] bei der Griechen Festen,
   Der ein Thurm war in der Schlacht.[21]
   Da der Griechen Schiffe brannten,
   War in deinem Arm das Heil;[22]

Doch dem Schlauen,[23] Vielgewandten[24]
Ward der schöne Preis[25] zu Theil.
Friede deinen heil'gen Resten!
Nicht der Feind hat dich entrafft.
Ajax fiel durch Ajax' Kraft.[26]
Ach, der Zorn verderbt die Besten!

9. Dem Erzeuger[27] jetzt, dem großen,
Gießt Neoptolem des Weins:
Unter allen irb'schen Loosen,
Hoher Vater, preis' ich deins.
Von des Lebens Gütern allen
Ist der Ruhm das höchste doch;
Wenn der Leib in Staub zerfallen,
Lebt der große Name noch.
Tapfrer, deines Ruhmes Schimmer
Wird unsterblich sein im Lied;
Denn das irb'sche Leben flieht,
Und die Todten dauern immer.

10. Wenn des Liedes Stimmen schweigen
Von dem überwundnen Mann,[28]
So will ich für Hektorn zeugen,
Hub der Sohn des Tydeus[29] an, —
Der für seine Hausaltäre
Kämpfend, ein Beschirmer, fiel —
Krönt den Sieger größre Ehre,
Ehret ihn das schönre Ziel!
Der für seine Hausaltäre
Kämpfend sank, ein Schirm und Hort,[30]
Auch in Feindes Munde fort
Lebt ihm seines Namens Ehre.

11. Nestor jetzt, der alte Zecher,
Der drei Menschenalter[31] sah,
Reicht den laubumkränzten Becher
Der bethränten Hekuba:[32]
Trink' ihn aus, den Trank der Labe,
Und vergiß den großen Schmerz!
Wundervoll ist Bacchus' Gabe,
Balsam fürs zerrißne Herz.
Trink' ihn aus, den Trank der Labe,
Und vergiß den großen Schmerz!
Balsam fürs zerrißne Herz,
Wundervoll ist Bacchus' Gabe.

12. Denn auch Niobe,[33] dem schweren
Zorn der Himmlischen ein Ziel,
Kostete die Frucht der Aehren,
Und bezwang das Schmerzgefühl.
Denn so lang die Lebensquelle
Schäumet an der Lippen Rand,
Ist der Schmerz in Lethes Welle
Tief versenkt und festgebannt!
Denn so lang die Lebensquelle
An der Lippen Rande schäumt,
Ist der Jammer weggeträumt,
Fortgespült in Lethes Welle.

13. Und von ihrem Gott ergriffen,
Hub sich jetzt die Seherin,[34]
Blickte von den hohen Schiffen
Nach dem Rauch der Heimath hin.
Rauch ist alles irb'sche Wesen;
Wie des Dampfes Säule weht,[35]

Schwinden alle Erdengrößen;
Nur die Götter bleiben stät.
Um das Roß des Reiters[36] schweben,
Um das Schiff die Sorgen her;
Morgen können wir's nicht mehr,
Darum laßt uns heute leben[37]!

### N o t e s.

[1] This was written only two years before the death of the author. [2] lofty, a constant epithet of ships in classical writers. [3] the ancient Hellespont was what is now called the Dardanelles. [4] having started on their glad voyage. [5] Kalchas was the high-priest. [6] the god of the sea. [7] a shield in the middle of which was the Gorgon's head, which petrified anyone who looked on it. [8] grimly. [9] Agamemnon. Menelaus was also his son. [10] Agamemnon was killed by his wife Clytemnestra. [11] Cassandra. [12] Agamemnon. [13] the son of Kronos, i. e. Zeus. [14] does Zeus avenge an offence against the laws of hospitality. [15] weighing. [16] Ajax the less. [17] Patroclus was Achilles' dearest friend. His death roused him to join the Trojans in battle, in which he shortly afterwards slew Hector. [18] a deformed and impudent Greek. [19] the first words spoken by Teucer. [20] Ajax Telamon. [21] Latin propugnacula belli. [22] safety was reached by your strength. [23] Ulysses. [24] Greek πολύμητις. [25] i. e. the arms of Achilles. [26] Ulysses and Ajax contended for them; they were adjudged to Ulysses, on which Ajax slew himself. See Ovid's Met. XIII. [27] Achilles, who was father to Neoptolemus. [28] about the man who has been defeated. [29] Diomed. [30] a rock and place of refuge. [31] generations. [32] Hecuba was the wife of Priam, king of Troy. All her sons had been killed in the Trojan War. Hector was the last of them. [33] Compare Die Götter Griechenlands, IV, 2. [34] Cassandra. Her prophecies were destined never to be believed. [35] and is carried away like columns of smoke. [36] Compare Horace Odes III, 1,40: neque timor decedit triremi, et post equitem sedet atra cura. [37] i. e. sufficient to the day is the evil thereof.

## 14. Klage der Ceres.

1. Ist der holde Lenz erschienen?
   Hat die Erde sich verjüngt?
   Die besonnten Hügel grünen,
   Und des Eises Rinde[1] springt.

Aus der Ströme blauem Spiegel
Lacht der unbewölkte Zeus,[2]
Milder wehen Zephyrs Flügel,
Augen treibt[3] das junge Reis.
In dem Hain erwachen Lieder,
Und die Oreade spricht:
Deine Blumen kehren wieder,
Deine Tochter[4] kehret nicht.

2. Ach wie lang ist's, daß ich walle
Suchend durch der Erde Flur!
Titan,[5] deine Strahlen alle
Sandt' ich nach der theuren Spur;[6]
Keiner hat mir noch verkündet
Von dem lieben Angesicht,
Und der Tag, der alles findet,
Die Verlorne fand er nicht.
Hast du, Zeus, sie mir entrissen?
Hat, von ihrem Reiz gerührt,[7]
Zu des Orkus[8] schwarzen Flüssen
Pluto sie hinabgeführt?

3. Wer wird nach dem düstern Strande[9]
Meines Grames Bote sein?[10]
Ewig stößt der Kahn[11] vom Lande,
Doch nur Schatten nimmt er ein.
Jedem sel'gen Aug'[12] verschlossen
Bleibt das nächtliche Gefild,[13]
Und so lang der Styx geflossen,
Trug er kein lebendig Bild.[14]
Nieder führen tausend Steige,
Keiner führt zum Tag zurück;

Ihre Thränen bringt kein Zeuge
Vor der bangen Mutter Blick.

4. Mütter, die aus Pyrrhas Stamme,[15]
Sterbliche, geboren sind,
Dürfen durch des Grabes Flamme
Folgen dem geliebten Kind;
Nur was Jovis Haus bewohnet,[16]
Nahet nicht dem dunkeln Strand,
Nur die Seligen verschonet,
Parzen, eure strenge Hand.
Stürzt mich in die Nacht der Nächte
Aus des Himmels goldnem Saal!
Ehret nicht der Göttin Rechte,
Ach, sie sind der Mutter Qual!

5. Wo sie mit dem finstern Gatten[17]
Freudlos thronet, stieg' ich hin,
Träte mit den leisen Schatten
Leise vor die Herrscherin.
Ach, ihr Auge, feucht von Zähren,
Sucht umsonst das goldne Licht,
Irret nach entfernten Sphären,
Auf die Mutter fällt es nicht,
Bis die Freude sie entdecket,[18]
Bis sich Brust mit Brust vereint,
Und zum Mitgefühl erwecket,[19]
Selbst der rauhe Orkus weint.[20]

6. Eitler Wunsch! verlorne Klagen!
Ruhig in dem gleichen Gleis[21]
Rollt des Tages sicher Wagen,
Ewig steht der Schluß des Zeus.[22]

Weg von jenen Finsternissen
Wandt' er sein beglücktes Haupt;
Einmal in die Nacht gerissen,
Bleibt sie ewig mir geraubt,
Bis des dunkeln Stromes Welle
Von Aurorens[23] Farben glüht,
Iris[24] mitten durch die Hölle
Ihren schönen Bogen zieht.

7. Ist mir nichts von ihr geblieben?
Nicht ein süß erinnernd Pfand,[25]
Daß die Fernen[26] sich noch lieben,
Keine Spur der theuren Hand?
Knüpfet sich kein Liebesknoten
Zwischen Kind und Mutter an?
Zwischen Lebenden und Todten
Ist kein Bündniß aufgethan?
Nein, nicht ganz ist sie entflohen!
Nein, wir sind nicht ganz getrennt!
Haben uns die ewig Hohen[27]
Eine[28] Sprache doch vergönnt!

8. Wenn des Frühlings Kinder sterben,
Wenn von Nordes kaltem Hauch
Blatt und Blume sich entfärben,
Traurig steht der nackte Strauch,[29]
Nehm' ich mir das höchste Leben
Aus Vertumnus'[30] reichem Horn,
Opfernd es dem Styx zu geben,
Mir des Samens goldnes Korn.

4

Trauernd senk' ich's in die Erde,
Leg' es an des Kindes Herz,
Daß es eine Sprache werde
Meiner Liebe,[31] meinem Schmerz.


9. Führt der gleiche Tanz der Horen[32]
Freudig nun den Lenz zurück,
Wird das Todte neu geboren
Von der Sonne Lebensblick.[33]
Keime, die dem Auge starben[34]
In der Erde kaltem Schooß,
In das heitre Reich der Farben
Ringen sie sich freudig los.
Wenn der Stamm zum Himmel eilet,
Sucht die Wurzel scheu die Nacht;[35]
Gleich in ihre Pflege theilet
Sich des Styr, des Aethers Macht.[36]


10. Halb berühren sie der Todten,
Halb der Lebenden Gebiet;
Ach, sie sind mir theure Boten,
Süße Stimmen vom Cocyt!
Hält er gleich sie selbst verschlossen[37]
In dem schauervollen Schlund,
Aus des Frühlings jungen Sprossen
Redet mir der holde Mund,
Daß auch fern vom goldnen Tage,
Wo die Schatten traurig ziehn,
Liebend noch der Busen schlage,
Zärtlich noch die Herzen glühn.

11. O so laßt euch froh begrüßen,
Kinder der verjüngten Au![38]
Euer Kelch soll überfließen
Von des Nektars reinstem Thau.[39]
Tauchen will ich euch in Strahlen,
Mit der Iris schönstem Licht
Will ich eure Blätter malen,
Gleich Aurorens Angesicht.
In des Lenzes heiterm Glanze
Lese jede zarte Brust,
In des Herbstes welkem Kranze
Meinen Schmerz und meine Lust.

## Notes.

[1] and the crust of the ice breaks up. [2] the unclouded heaven shows its smiling face. [3] puts forth buds. [4] thy daughter, Proserpine. [5] i. e. the sun. Helios was the son of Hyperion, a Titan. [6] the traces of my loved one. [7] maddened by her beauty. [8] The infernal regions, presided over by Pluto. [9] the dismal shore, the "horrendas ripas" of Virgil. [10] carry the tale of my woe. [11] Charon's boat which carried the shades across the Styx. [12] i. e. the gods of the upper world. [13] the region of darkness. [14] compare Virg. Æn. VI, 391: corpora viva nefas Stygia vectare carina. [15] born from the stones which Pyrrha threw behind her, which became women. [16] compare Virg. Æn. VI, 131: pauci, quos aequus amavit Jupiter.... Dis geniti potuere. [17] i. e. Pluto. [18] until joy betrays her. [19] awaken the sympathy. [20] even rough Orcus sobs. [21] in the same track. [22] and Zeus' decree ever remains constant. [23] Aurora was the goddess of the morning. [24] Iris was the personification of the rain-bow. [25] not one single pledge to remind me of her. [26] to prove that friends when separated ... [27] the eternal gods. [28] the same. [29] and the tree-top stands dismally stript of its leaves. [30] Vertumnus was the god of the changing seasons; his festival was celebrated on August 23rd, when the summer season was supposed to undergo a change for the worse. [31] to be the mouth-piece of my love. [32] when the unchanging dance of the Hours brings. [33] under the influence of the Sun's loving beams. [34] which appear to perish. [35] when the stalk shoots up to heaven, and the root shyly seeks the darkness of the earth. [36] the power of Styx and Æther have an equal share in tending her. [37] secluded, hence, mute, in contrast to the "redet mir" of line 8.

4*

[38] ye children of the fresh meadow. [39] with the most delightful moisture. The Persephone or Proserpine of the legend represents the seed-corn, hidden, in the ground, in that she is stolen and concealed from her mother; as she returns to her mother, she is the fresh corn growing out of the earth, which imparts strength to man.

## 15. Das Eleusische Fest.[1]

1. Windet zum Kranze die goldenen Aehren,
   Flechtet auch blaue Cyanen[2] hinein!
   Freude soll jedes Auge verklären,
   Denn die Königin[3] ziehet ein,
   Die Bezähmerin wilder Sitten,
   Die den Menschen zum Menschen gesellt,
   Und in friedliche, feste Hütten[4]
   Wandelte das bewegliche Zelt.[5]

2. Scheu in des Gebirges Klüften
   Barg der Troglodyte[6] sich;
   Der Nomade ließ die Triften
   Wüste liegen, wo er strich.[7]
   Mit dem Wurfspieß, mit dem Bogen
   Schritt der Jäger[8] durch das Land;
   Weh dem Fremdling, den die Wogen
   Warfen an den Unglücksstrand!

3. Und auf ihrem Pfad begrüßte
   Irrend nach des Kindes Spur,
   Ceres die verlaßne Küste,
   Ach, da grünte keine Flur!
   Daß sie hier vertraulich weile,[9]
   Ist kein Obdach ihr gewährt;[10]
   Keines Tempels heitre Säule
   Zeuget, daß man Götter ehrt.

4. Keine Frucht der ſüßen Aehren
   Lädt zum reinen Mahl ſie ein;
   Nur auf gräßlichen Altären
   Dorret menſchliches Gebein.
   Ja, ſo weit ſie wandernd kreiste,
   Fand ſie Elend überall,
   Und in ihrem großen Geiſte[11]
   Jammert ſie des Menſchen Fall.[12]

5. Find' ich ſo den Menſchen wieder,
   Dem wir unſer Bild geliehn,[13]
   Deſſen ſchöngeſtalte Glieder[14]
   Droben im Olympus blühn?
   Gaben wir ihm zum Beſitze
   Nicht der Erde Götterſchooß,[15]
   Und auf ſeinem Königsſitze
   Schweift er elend, heimathlos?

6. Fühlt kein Gott mit ihm Erbarmen?
   Keiner aus der Sel'gen Chor[16]
   Hebet ihn mit Wunderarmen[17]
   Aus der tiefen Schmach empor?
   In des Himmels ſel'gen Höhen
   Rühret ſie nicht fremder Schmerz;
   Doch der Menſchheit Angſt und Wehen
   Fühlet mein gequältes Herz.

7. Daß der Menſch zum Menſchen werde,
   Stift' er einen ew'gen Bund[18]
   Gläubig mit der frommen Erde,[19]
   Seinem mütterlichen Grund,

Ehre²⁰ das Geſetz der Zeiten
Und der Monde²¹ heil'gen Gang,
Welche ſtill gemeſſen ſchreiten
Im melodiſchen Geſang.²²


8. Und den Nebel theilt ſie leiſe,
Der den Blicken ſie verhüllt;
Plötzlich in der Wilden Kreiſe
Steht ſie da, ein Götterbild.
Schwelgend bei dem Siegesmahle
Findet ſie die rohe Schaar,
Und die blutgefüllte Schale
Bringt man ihr zum Opfer dar.


9. Aber ſchaudernd, mit Entſetzen
Wendet ſie ſich weg und ſpricht:
Blut'ge Tigermahle netzen
Eines Gottes Lippen nicht.²³
Reine Opfer will er haben,
Früchte, die der Herbſt beſchert,
Mit des Feldes frommen Gaben²⁴
Wird der Heilige verehrt.


10. Und ſie nimmt die Wucht des Speeres²⁵
Aus des Jägers rauher Hand;
Mit dem Schaft des Mordgewehres
Furchet ſie²⁶ den leichten Sand,
Nimmt von ihres Kranzes Spitze
Einen Kern, mit Kraft gefüllt,
Senkt ihn in die zarte Ritze,
Und der Trieb des Keimes ſchwillt.²⁷

11. Und mit grünen Halmen schmücket
     Sich der Boden alsobald,
     Und soweit das Auge blicket,
     Wogt es wie ein goldner Wald.²⁸
     Lächelnd segnet sie die Erde,
     Flicht der ersten Garbe Bund,
     Wählt den Feldstein sich zum Herde,²⁹
     Und es spricht der Göttin Mund:

12. Vater Zeus, der über alle
     Götter herrscht in Aethers Höhn,
     Daß dies Opfer dir gefalle,
     Laß ein Zeichen jetzt geschehn!
     Und dem unglückjel'gen Volke,
     Das dich, Hoher, noch nicht nennt,
     Nimm hinweg des Auges Wolke,³⁰
     Daß es seinen Gott erkennt!

13. Und es hört der Schwester Flehen
     Zeus auf seinem hohen Sitz;
     Donnernd aus den blauen Höhen
     Wirft er den gezackten Blitz.³¹
     Prasselnd fängt es an zu lohen,
     Hebt sich wirbelnd vom Altar,
     Und darüber schwebt in hohen
     Kreisen sein geschwinder Aar.

14. Und gerührt zu der Herrscherin Füßen³²
     Stürzt sich der Menge freudig Gewühl,
     Und die rohen Seelen zerfließen
     In der Menschlichkeit erstem Gefühl,³³

Werfen von sich die blutige Wehre,
Oeffnen den düstergebundenen Sinn,[34]
Und empfangen die göttliche Lehre[35]
Aus dem Munde der Königin.

15. Und von ihren Thronen steigen
Alle Himmlischen herab,
Themis selber führt den Reigen,
Und mit dem gerechten Stab[36]
Mißt sie jedem seine Rechte,
Setzet selbst der Grenze Stein,[37]
Und des Styx[38] verborgne Mächte
Ladet sie zu Zeugen ein.

16. Und es kommt der Gott der Esse,[39]
Zeus' erfindungsreicher Sohn,
Bildner künstlicher Gefäße,
Hochgelehrt[40] in Erz und Thon.
Und er lehrt die Kunst der Zange[41]
Und der Blasebälge[42] Zug;
Unter seines Hammers Zwange
Bildet sich zuerst der Pflug.

17. Und Minerva,[43] hoch vor allen
Ragend mit gewicht'gem Speer,
Läßt die Stimme mächtig schallen
Und gebeut dem Götterheer.[44]
Feste Mauern will sie gründen,
Jedem Schutz und Schirm zu sein,
Die zerstreute Welt zu binden
In vertraulichem Verein.

18. Und sie lenkt die Herrscherschritte[45]
Durch des Feldes weiten Plan,
Und an ihres Fußes Tritte
Heftet sich der Grenzgott[46] an.
Messend führet sie die Kette
Um des Hügels grünen Saum;
Auch des wilden Stromes Bette
Schließt sie in den heil'gen Raum.

19. Alle Nymphen, Oreaden,
Die der schnellen Artemis[47]
Folgen auf des Berges Pfaden,
Schwingend ihren Jägerspieß,
Alle kommen, alle legen
Hände an, der Jubel schallt,
Und von ihrer Aexte Schlägen
Krachend stürzt der Fichtenwald.

20. Auch aus seiner grünen Welle
Steigt der schilfbekränzte Gott,
Wälzt den schweren Floß zur Stelle
Auf der Göttin Machtgebot;
Und die leichtgeschürzten Stunden[48]
Fliegen ans Geschäft gewandt,
Und die rauhen Stämme runden
Zierlich sich in ihrer Hand.

21. Auch den Meergott[49] sieht man eilen,
Rasch mit des Tridentes Stoß
Bricht er die granitnen Säulen
Aus dem Erdgerippe[50] los,

Schwingt sie in gewalt'gen Händen
Hoch, wie einen leichten Ball,
Und mit Hermes, dem Behenden,
Thürmet er der Mauern Wall.[51]


22. Aber aus den goldnen Saiten
Lockt Apoll die Harmonie
Und das holde Maß der Zeiten
Und die Macht der Melodie.
Mit neunstimmigem Gesange[52]
Fallen die Camönen ein;
Leise nach des Liedes Klange
Füget sich der Stein zum Stein.


23. Und der Thore weite Flügel
Setzet mit erfahrner Hand
Cybele,[53] und fügt die Riegel
Und der Schlösser festes Band.
Schnell durch rasche Götterhände
Ist der Wunderbau vollbracht,
Und der Tempel heitre Wände
Glänzen schon in Festespracht.


24. Und mit einem Kranz von Myrten
Naht die Götterkönigin,[54]
Und sie führt den schönsten Hirten
Zu der schönsten Hirtin hin.
Venus mit dem holden Knaben[55]
Schmücket selbst das erste Paar,
Alle Götter bringen Gaben
Segnend den Vermählten dar.

25. Und die neuen Bürger ziehen,
Von der Götter sel'gem Chor
Eingeführt, mit Harmonieen
In das gastlich offne Thor;
Und das Priesteramt verwaltet
Ceres am Altar des Zeus,
Segnend ihre Hand gefaltet,[56]
Spricht sie zu des Volkes Kreis:

26. Freiheit liebt das Thier der Wüste,
Frei im Aether herrscht der Gott,
Ihrer Brust gewalt'ge Lüste
Zähmet das Naturgebot;[57]
Doch der Mensch in ihrer Mitte
Soll sich an den Menschen reihn,[58]
Und allein[59] durch seine Sitte
Kann er frei und mächtig sein.

27. Windet zum Kranze die goldenen Aehren,
Flechtet auch blaue Cyanen hinein!
Freude soll jedes Auge verklären,
Denn die Königin ziehet ein,
Die uns die süße Heimath gegeben,
Die den Menschen zum Menschen gesellt.
Unser Gesang soll sie festlich erheben,
Die beglückende Mutter der Welt!

### Notes.

¹ This composition was published 1799 in the Musen-Almanach, under the title of "Bürgerlied". This festival was in honour of Demeter or Ceres, and her daughter Persephone or Proserpine. ² corn flowers. ³ Ceres herself. ⁴ into peaceful and secure houses. ⁵ changed the moving tent. ⁶ the dweller in caves. ⁷ over which he wandered. ⁸ The lives of the dweller in caves, the nomad, and the hunter, are contrasted. ⁹ wherein she may abide in confidence. ¹⁰ no shelter is given her. ¹¹ and in her maganimous heart.

[12] she grieves over men's fall. [13] Compare, "God made man in his own image". [14] The gods are here somewhat remarkably represented in human form. [15] the god-like womb of the earth. [16] none of the band of the blessed. [17] with arms of miraculous power. [18] let him form an eternal covenant. [19] in confidence with the trust-worthy Earth. [20] let him learn to respect. [21] the stars and planets. [22] in harmony. [23] shall not defile divine lips. [24] with the country's pure produce. [25] aeris magnum pondus. [26] she ploughs, i. e. she beats their spears into ploughshares. [27] and the seed soon begins to swell. [28] a forest of golden grain, as it were, it waves. [29] selects the land-mark as an abode for herself. [30] cast the scales from their eyes. [31] pointed lightning. [32] Here we come to the dactyllic metre, which lends emphasis to the story narrated. [33] into the first perceptions of civilisation. [34] open out a way to their beclouded minds. [35] and receive the knowledge of things divine. [36] and with the staff of justice. Themis was the goddess of right. [37] and herself appoints landmarks. [38] Styx is here used to express all the powers of hell, the most solemn things by which anyone could swear; even the gods themselves used to swear in this form. Virg. Æn. 6, 324, and ibid. 6, 459, and Ovid's Metamorph. 3, 290. [39] The god of the forge was Vulcan. [40] skilled. [41] forceps. [42] bellows. [43] the goddess of arts, sciences, etc. [44] and leads the company of the gods. [45] and she leads the steps of the Immortals. [46] the god Terminus. [47] the goddess of hunting. [48] compare "pictis inunctis vestibus Horae." Ovid, Fasti 5, 217, also Metam. 2, 118. The Seasons often appear as servants of the gods. [49] Neptune. [50] the earth's skeleton. [51] he storms the opposing wall. [52] There were nine Muses. [53] Cybele, or Rhea, was the goddess of the earth. [54] Hera, or Juno. [55] Venus accompanied by the lovely boy, i. e. Cupid. [56] "blessing them with folded hands", "ihre Hand gefaltet" is a sort of nominative absolute. [57] the law of nature modifies. [58] shall unite with his fellow-man. [59] only in opposition to the instinct and natural freedom of animals.

## 16. Der Ring des Polykrates.[1]

1. Er stand auf seines Daches Zinnen,
Er schaute mit vergnügten Sinnen
Auf das beherrschte Samos hin.
„Dies Alles ist mir unterthänig,"
Begann er zu Aegyptens König,[2]
„Gestehe, daß ich glücklich bin." —

2. „Du haft der Götter Gunst erfahren!
Die vormals deines Gleichen waren,
Sie zwingt jetzt deines Scepters Macht.
Doch Einer lebt noch,[3] sie zu rächen;
Dich kann mein Mund nicht glücklich sprechen,
So lang des Feindes Auge wacht." —

3. Und eh' der König noch geendet,
Da stellt sich, von Milet gesendet,
Ein Bote dem Tyrannen[4] dar:
„Laß, Herr, des Opfers Düfte steigen,[5]
Und mit des Lorbeers muntern Zweigen
Bekränze dir dein festlich Haar!"

4. „Getroffen sank dein Feind vom Speere,
Mich sendet mit der frohen Mähre
Dein treuer Feldherr Polydor[6] —"
Und nimmt aus einem schwarzen Becken,
Noch blutig, zu der Beiden Schrecken,
Ein wohlbekanntes Haupt hervor.

5. Der König tritt zurück mit Grauen.
„Doch warn' ich dich, dem Glück zu trauen,"
Versetzt er mit besorgtem Blick.
„Bedenk', auf ungetreuen Wellen —
Wie leicht kann sie der Sturm zerschellen[7] —
Schwimmt deiner Flotte zweifelnd Glück."[8]

6. Und eh' er noch das Wort gesprochen,[9]
Hat ihn der Jubel unterbrochen,
Der von der Rhede jauchzend schallt.[10]
Mit fremden Schätzen reich beladen,
Kehrt zu den heimischen Gestaden
Der Schiffe mastenreicher Wald.[11]

7. Der königliche Gast erstaunet:
    „Dein Glück ist heute gut gelaunet,
    Doch fürchte seinen Unbestand.[12]
    Der Kreter waffenkund'ge Schaaren[13]
    Bedräuen dich mit Kriegsgefahren;
    Schon nahe sind sie diesem Strand."

8. Und eh' ihm noch das Wort entfallen,
    Da sieht man's von den Schiffen wallen[14]
    Und tausend Stimmen rufen: „Sieg!
    Von Feindesnoth sind wir befreiet,
    Die Kreter hat der Sturm zerstreuet,
    Vorbei, geendet ist der Krieg!"[15]

9. Das hört der Gastfreund mit Entsetzen.
    „Fürwahr, ich muß dich glücklich schätzen!
    Doch," spricht er, „zittr' ich für dein Heil.
    Mir grauet vor der Götter Neide;[16]
    Des Lebens ungemischte Freude
    Ward keinem Irdischen zu Theil."

10. „Auch mir ist alles wohlgerathen,[17]
    Bei allen meinen Herrscherthaten
    Begleitet mich des Himmels Huld!
    Doch hatt' ich einen theuren Erben,
    Den nahm mir Gott, ich sah ihn sterben,
    Dem Glück bezahlt' ich meine Schuld."[18]

11. Drum, willst du dich vor Leid bewahren,
    So flehe zu den Unsichtbaren,
    Daß sie zum Glück[19] den Schmerz verleihn.
    Noch keinen sah ich fröhlich enden,
    Auf den mit immer vollen Händen
    Die Götter ihre Gaben streun."

12. „Und wenn's die Götter nicht gewähren,
So acht' auf eines Freundes Lehren
Und rufe selbst das Unglück her;
Und was von allen deinen Schätzen
Dein Herz am höchsten mag ergötzen,
Das nimm und wirf's in dieses Meer!"

13. Und jener spricht, von Furcht beweget:
„Von allem, was die Insel heget,[20]
Ist dieser Ring mein höchstes Gut.
Ihn will ich den Erinnen[21] weihen,
[22]Ob sie mein Glück mir dann verzeihen,"
Und wirft das Kleinod in die Fluth.

14. Und bei des nächsten Morgens Lichte —
Da tritt mit fröhlichem Gesichte
Ein Fischer vor den Fürsten hin:
„Herr, diesen Fisch hab' ich gefangen,
Wie keiner noch ins Netz gegangen,
Dir zum Geschenke bring' ich ihn."

15. Und als der Koch den Fisch zertheilet,
Kommt er bestürzt herbeigeeilet
Und ruft mit hocherstauntem Blick:[23]
„Sieh, Herr, den Ring,[24] den du getragen,
Ihn fand ich in des Fisches Magen,
O, ohne Grenzen[25] ist dein Glück!"

16. Hier wendet sich der Gast mit Grausen:
„So kann ich hier nicht ferner hausen,
Mein Freund kannst du nicht weiter sein.
Die Götter wollen dein Verderben;
Fort eil' ich, nicht mit dir zu sterben."
Und sprach's, und schiffte schnell sich ein.[26]

## Notes.

[1] The incident of the ring may be found in the Arabian Nights. It also forms the subject of one of Grimm's German legends, called "die Jungfrau von Stavoren"; it is the foundation of a ballad in Simrock's "Rheinsagen".—The story is taken from Herod. 3, 39. It is not exactly the same, the poet having introduced many changes, though none alter the thread of the narrative. Polycrates was despot of Samos, enormously wealthy and for a long time successful, until, decoyed into the power of Orœtes, satrap of Sardis, he was crucified B.C. 522. [2] Amasis; he came to the throne B.C. 570. [3] This is supposed to refer to some Prince of Samos, whose land he had confiscated. [4] dem Tyrannen, before the despot. [5] My lord, let the smell of your sacrifices rise to heaven. [6] Polydorus, his general, was besieging Miletus, the last of all the towns to be conquered. [7] This line is inserted, as it were, in a parenthesis. [8] lit., the doubtful fortune of your navy is afloat, i. e. your navy rides in doubtful security. [9] and before he had finished speaking. [10] re-echoing in wild triumph from the road-steads. [11] the ships with their forest of masts. [12] look out for her fickleness, and do not trust too much to her constancy. [13] the Cretan troops, famous for their prowess in war. [14] The returning host is seen, in the height of triumph; wallen refers to the unfurling of the flags etc. [15] the war is over and done with. [16] I dread the gods' envy. This was represented in mythology by the goddess Nemesis: she was supposed to ruin anyone, who had been, in her opinion, fortunate beyond the lot of men. [17] all that I have undertaken, has also succeeded. [18] the debt of misfortune which every mortal has to pay. [19] for the sake of your happiness. [20] of every thing that the island contains. [21] the Furies, here rather, the messengers of Justice. [22] to see if they will pardon my happiness. [23] and exclaims with wonder depicted on his face. [24] This ring was said to be an emerald, set in gold, the work of Theodorus the Samian—again, according to Pliny, the stone was a sardonyx, preserved in later times in the temple of Concord. [25] boundless. [26] Some critics affirm that the poet should have gone on to relate the catastrophe; Gœthe, however, found one of its principal merits in its unfinished style.

## 17. Die Kraniche des Ibykus.

1. Zum Kampf der Wagen und Gesänge,
Der auf Korinthus' Landesenge[1]
Der Griechen Stämme froh vereint,
Zog Ibykus, der Götterfreund.
Ihm schenkte des Gesanges Gabe,
Der Lieder süßen Mund, Apoll;
So wandert er an leichtem Stabe
Aus Rhegium,[2] des Gottes voll.[3]

2. Schon winkt auf hohem Bergesrücken
Akrokorinth[4] des Wandrers Blicken,
Und in Poseidons Fichtenhain
Tritt er mit frommem Schauder ein.[5]
Nichts regt sich um ihn her, nur Schwärme
Von Kranichen begleiten ihn,
Die fernhin nach des Südens Wärme
In graulichtem[6] Geschwader ziehn.

3. „Seid mir gegrüßt, befreundte Schaaren[7],
Die mir zur See Begleiter waren!
Zum guten Zeichen[8] nehm' ich euch,
Mein Loos, es ist dem euren gleich.
Von fern her kommen wir gezogen
Und flehen um ein wirthlich Dach[9] —
Sei uns der Gastliche[10] gewogen,
Der von dem Fremdling wehrt die Schmach!"

4. Und munter fördert er die Schritte,[11]
Und sieht sich in des Waldes Mitte;
Da sperren auf gedrangem Steg
Zwei Mörder plötzlich seinen Weg.

Zum Kampfe muß er sich bereiten,
Doch bald ermattet sinkt die Hand,
Sie hat der Leier zarte Saiten,
Doch nie des Bogens Kraft gespannt.

5. Er ruft die Menschen an, die Götter,
Sein Flehen bringt zu keinem Retter;
Wie weit er auch[12] die Stimme schickt,
Nichts Lebendes wird hier erblickt.
„So muß ich hier verlassen sterben,
Auf fremdem Boden, unbeweint,
Durch böser Buben Hand verderben,
Wo auch kein Rächer mir erscheint!"

6. Und schwer getroffen sinkt er nieder,
Da rauscht der Kraniche Gefieder;[13]
Er hört, schon kann er nicht mehr sehn,
Die nahen Stimmen furchtbar krähn.
„Von euch, ihr Kraniche dort oben,
Wenn keine andre Stimme spricht,
Sei meines Mordes Klag' erhoben!"
Er ruft es, und sein Auge bricht.

7. Der nackte Leichnam wird gefunden,
Und bald, obgleich entstellt von Wunden,
Erkennt der Gastfreund in Korinth
Die Züge, die ihm theuer sind.
„Und muß ich so dich wieder finden,
Und hoffte mit der Fichte Kranz[14]
Des Sängers Schläfe zu umwinden,
Bestrahlt[15] von seines Ruhmes Glanz!"

8. Und jammernd hören's alle Gäste,
   Versammelt bei Poseidons Feste,
   Ganz Griechenland ergreift der Schmerz,[16]
   Verloren hat ihn jedes Herz.
   Und stürmend drängt sich zum Prytanen[17]
   Das Volk, es fordert seine Wuth,
   Zu rächen des Erschlagnen Manen,[18]
   Zu sühnen mit des Mörders Blut.

9. Doch wo die Spur, die aus der Menge,
   Der Völker fluthendem Gedränge,[19]
   Gelocket von der Spiele Pracht,[20]
   Den schwarzen Thäter kenntlich macht[21]?
   Sind's Räuber, die ihn feig erschlagen?
   That's neidisch ein verborgner Feind?
   Nur Helios vermag's zu sagen,
   Der alles Irdische bescheint.[22]

10. Er geht vielleicht mit frechem Schritte
    Jetzt eben durch der Griechen Mitte,
    Und während ihn die Rache sucht,
    Genießt er seines Frevels Frucht.
    Auf ihres eignen Tempels Schwelle
    Trotzt er vielleicht den Göttern,[23] mengt
    Sich dreist in jene Menschenwelle,[24]
    Die dort sich zum Theater drängt.

11. Denn Bank an Bank gedränget sitzen,
    Es brechen fast der Bühne[25] Stützen,
    Herbeigeströmt von fern und nah,
    Der Griechen Völker wartend da;[26]

5*

Dumpfbrausend wie des Meeres Wogen,
Von Menschen wimmelnd wächst der Bau
In weiter stets geschweiftem Bogen[27]
Hinauf bis in des Himmels Blau.[28]

12. Wer zählt die Völker, nennt die Namen,
Die gastlich hier zusammen kamen?
Von Theseus' Stadt,[29] von Aulis'[30] Strand,
Von Phocis, vom Spartanerland,
Von Asiens entlegner Küste,
Von allen Inseln kamen sie,
Und horchen von dem Schaugerüste
Des Chores grauser Melodie,[31]

13. Der, streng und ernst,[32] nach alter Sitte,
Mit langsam abgemessnem Schritte
Hervortritt aus dem Hintergrund,
Umwandelnd des Theaters Rund.[33]
So schreiten keine ird'schen Weiber,
Die zeugete kein sterblich Haus!
Es steigt das Riesenmaß[34] der Leiber
Hoch über Menschliches hinaus.

14. Ein schwarzer Mantel schlägt die Lenden,[35]
Sie schwingen in entfleischten Händen[36]
Der Fackel düsterrothe Gluth,
In ihren Wangen fließt kein Blut;[37]
Und wo die Haare lieblich[38] flattern,
Um Menschenstirnen freundlich wehn,
Da sieht man Schlangen hier und Nattern[39]
Die giftgeschwollnen Bäuche blähn.

15. Und schauerlich, gedreht im Kreise,[40]
Beginnen sie des Hymnus Weise,[41]
Der durch das Herz zerreißend bringt,[42]
Die Bande[43] um den Frevler schlingt.
Besinnungraubend, herzbethörend[44]
Schallt der Erinnyen Gesang,
Er schallt, des Hörers Mark verzehrend,[45]
Und duldet nicht der Leier Klang:

16. „Wohl dem, der frei von Schuld und Fehle[46]
Bewahrt die kindlich reine Seele![47]
Ihm dürfen wir nicht rächend[48] nahn,
Er wandelt frei des Lebens Bahn.
Doch wehe, wehe, wer verstohlen[49]
Des Mordes schwere That vollbracht!
Wir heften uns an seine Sohlen,
Das furchtbare Geschlecht der Nacht.‟

17. „Und glaubt er fliehend zu entspringen,
Geflügelt sind wir da, die Schlingen
Ihm werfend um den flücht'gen Fuß,
Daß er zu Boden fallen muß.
So jagen wir ihn, ohn' Ermatten,
Versöhnen kann uns keine Reu',
Ihn fort und fort bis zu den Schatten,
Und geben ihn auch dort nicht frei.‟

18. So singend, tanzen sie den Reigen,
Und Stille, wie des Todes Schweigen,
Liegt überm ganzen Hause schwer,
Als ob die Gottheit nahe wär'.

Und feierlich,[50] nach alter Sitte,
Umwandelnd des Theaters Rund,
Mit langsam abgemessnem Schritte[51]
Verschwinden sie im Hintergrund.

19. Und zwischen Trug und Wahrheit schwebet[52]
Noch zweifelnd jede Brust und bebet,
Und huldiget der furchtbarn Macht,
Die richtend im Verborgnen wacht,[53]
Die unerforschlich, unergründet[54]
Des Schicksals dunkeln Knäuel[55] flicht,
Dem tiefen Herzen sich verkündet,
Doch fliehet vor dem Sonnenlicht.

20. Da hört man auf den höchsten Stufen
Auf einmal eine Stimme rufen:
„Sieh da, sieh da, Timotheus,
Die Kraniche des Ibykus!“ —
Und finster plötzlich wird der Himmel,
Und über dem Theater hin
Sieht man in schwärzlichtem Gewimmel
Ein Kranichheer vorüberziehn.

21. „Des Ibykus!“ — Der theure Name
Rührt jede Brust mit neuem Grame,[56]
Und wie im Meere Well’ auf Well’,[57]
So läuft’s von Mund zu Munde schnell:
„Des Ibykus? den wir beweinen?
Den eine Mörderhand erschlug?
Was ist’s mit dem? was kann er meinen?
Was ist’s mit diesem Kranichzug?“[58]

Den in seligem Umfangen
Ihm die Liebe aufgespart,
Bis den Säumenden Aurora[18]
Aus der Wonne Träumen weckt,
Und ins kalte Bett des Meeres
Aus dem Schooß der Liebe schreckt.

7. Und so flohen[19] dreißig Sonnen
Schnell, im Raub verstohlner Wonnen,[20]
Dem beglückten Paar dahin,
Wie der Brautnacht süße Freuden,
Die die Götter selbst beneiden,
Ewig jung und ewig grün.
Der hat nie das Glück gekostet,
Der die Frucht des Himmels nicht
Raubend an des Höllenflusses
Schauervollem Rande[21] bricht.

8. Hesper und Aurora zogen[22]
Wechselnd[23] auf am Himmelsbogen;
Doch die Glücklichen, sie sahn
Nicht den Schmuck der Blätter[24] fallen,
Nicht aus Nords beeisten Hallen[25]
Den ergrimmten Winter[26] nahn.
Freudig sahen sie des Tages
Immer kürzern, kürzern Kreis;
Für das längre Glück der Nächte
Dankten sie bethört[27] dem Zeus.

9. Und es gleichte schon die Wage
An dem Himmel Nächt' und Tage,[28]
Und die holde Jungfrau stand
Harrend auf dem Felsenschlosse,[29]

Sah hinab die Sonnenrosse[30]
Fliehen an des Himmels Rand.[31]
Und das Meer lag still und eben,
Einem reinen Spiegel gleich,
Keines Windes leises Weben
Regte das krystallne Reich.[32]

10. Lustige Delphinenschaaren
Scherzten in dem silberklaren,
Reinen Element umher,
Und in schwärzlicht[33] grauen Zügen,
Aus dem Meergrund aufgestiegen,
Kam der Tethys[34] buntes Heer.
Sie, die Einzigen, bezeugten[35]
Den verstohlnen Liebesbund;
Aber ihnen schloß auf ewig
Hekate[36] den stummen Mund.

11. Und sie freute sich des schönen
Meeres, und mit Schmeicheltönen
Sprach sie zu dem Element:
„Schöner Gott, du solltest trügen[37]?
Nein, den Frevler straf' ich Lügen,
Der dich falsch und treulos nennt.
Falsch ist das Geschlecht der Menschen,
Grausam ist des Vaters Herz;
Aber du bist mild und gütig,
Und dich rührt der Liebe Schmerz."[38]

12. „In den öden Felsenmauern
Müßt' ich freudlos einsam trauern
Und verblühn in ew'gem Harm;[39]
Doch du trägst auf deinem Rücken,

Ohne Nachen, ohne Brücken,
Mir den Freund in meinen Arm.
Grauenvoll ist deine Tiefe,
Furchtbar deiner Wogen Fluth,
Aber dich erfleht die Liebe,[40]
Dich bezwingt der Heldenmuth."

13. „Denn auch dich, den Gott der Wogen,
Rührte Eros' mächt'ger Bogen,
Als des goldnen Widders Flug
Helle,[41] mit dem Bruder fliehend,
Schön in Jugendfülle blühend,
Ueber deine Tiefe trug.
Schnell, von ihrem Reiz besieget,[42]
Griffst du aus dem finstern Schlund,[43]
Zogst sie von des Widders Rücken
Nieder in den Meeresgrund."[44]

14. „Eine Göttin mit dem Gotte,
In der tiefen Wassergrotte,
Lebt sie jetzt unsterblich fort;[45]
Hilfreich der verfolgten Liebe,[46]
Zähmt sie deine wilden Triebe,[47]
Führt den Schiffer in den Port.
Schöne Helle, holde Göttin,
Selige, dich fleh' ich an:
Bring' auch heute den Geliebten
Mir auf der gewohnten Bahn!"

15. Und schon dunkelten die Fluthen,[48]
Und sie ließ der Fackel Gluthen[49]
Von dem hohen Söller wehn.
Leitend[50] in den öden Reichen .

Sollte das vertraute Zeichen
Der geliebte Wandrer sehn.
Und es saust und dröhnt von ferne,
Finster kräuselt sich das Meer,[51]
Und es löscht das Licht der Sterne,
Und es naht gewitterschwer.[52]

16. Auf des Pontus weite Fläche
Legt sich Nacht,[53] und Wetterbäche[54]
Stürzen aus der Wolken Schooß;
Blitze zucken in den Lüften,[55]
Und aus ihren Felsengrüften[56]
Werden alle Stürme los,
Wühlen ungeheure Schlünde[57]
In den weiten Wasserschlund;
Gähnend, wie ein Höllenrachen,[58]
Oeffnet sich des Meeres Grund.

17. „Wehe, weh mir!" ruft die Arme
Jammernd.[59] „Großer Zeus, erbarme!
Ach, was wagt' ich zu erflehn!
Wenn die Götter mich erhören,[60]
Wenn er sich den falschen Meeren
Preis gab in des Sturmes Wehn![61]
Alle meergewohnten Vögel
Ziehen heim in eil'ger Flucht;
Alle sturmerprobten Schiffe
Bergen sich in sichrer Bucht."

18. „Ach, gewiß, der Unverzagte[62]
Unternahm das oft Gewagte,
Denn ihn trieb ein mächt'ger Gott.
Er gelobte mir's beim Scheiden

Mit der Liebe heil'gen Eiden,
Ihn entbindet nur der Tod.[63]
Ach, in diesem Augenblicke
Ringt er mit des Sturmes Wuth,[64]
Und hinab in ihre Schlünde
Reißt ihn die empörte Fluth!"[65]

19. „Falscher Pontus, deine Stille
War nur des Verrathes Hülle,[66]
Einem Spiegel warst du gleich;
Tückisch ruhten deine Wogen,
Bis du ihn heraus betrogen
In dein falsches Lügenreich.[67]
Jetzt, in deines Stromes Mitte,
Da die Rückkehr sich verschloß,[68]
Lässest du auf den Verrathnen
Alle deine Schrecken los!"

20. Und es wächst des Sturmes Toben,
Hoch, zu Bergen aufgehoben,
Schwillt das Meer, die Brandung bricht[69]
Schäumend sich am Fuß der Klippen;
Selbst das Schiff mit Eichenrippen
Nahte unzerschmettert nicht.
Und im Wind erlischt die Fackel,
Die des Pfades Leuchte war;
Schrecken bietet das Gewässer,[70]
Schrecken auch die Landung dar.

21. Und sie fleht zur Aphrodite,
Daß sie dem Orkan gebiete,
Sänftige der Wellen Zorn,
Und gelobt, den strengen Winden

Reiche Opfer anzuzünden,
Einen Stier mit goldnem Horn. [71]
Alle Göttinnen der Tiefe, [72]
Alle Götter in der Höll' [73]
Fleht sie, lindernd Oel zu gießen
In die sturmbewegte See.

22. „Höre meinen Ruf erschallen,
Steig' aus deinen grünen Hallen,
Selige Leukothea! [74]
Die der Schiffer in dem öden
Wellenreich, in Sturmesnöthen [75]
Rettend oft erscheinen sah.
Reich' ihm deinen heil'gen Schleier, [76]
Der, geheimnißvoll gewebt,
Die ihn tragen, unverletzlich
Aus dem Grab der Fluthen hebt!"

23. Und die wilden Winde schweigen,
Hell an Himmels Rande steigen
Eos' [77] Pferde in die Höh'.
Friedlich in dem alten Bette
Fließt das Meer in Spiegelglätte, [78]
Heiter lächeln Luft und See.
Sanfter brechen sich die Wellen
An des Ufers Felsenwand,
Und sie schwemmen, [79] ruhig spielend,
Einen Leichnam an den Strand.

24. Ja, er ist's, der auch entseelet [80]
Seinem heil'gen Schwur nicht fehlet!
Schnellen Blicks [81] erkennt sie ihn.
Keine Klage läßt sie schallen,

Keine Thräne sieht man fallen,
Kalt, verzweifelnd starrt sie hin.[82]
Trostlos in die öde Tiefe
Blickt sie, in des Aethers Licht,
Und ein edles Feuer röthet
Das erbleichte Angesicht.[83]

25. „Ich erkenn' euch, ernste Mächte![84]
Strenge treibt ihr eure Rechte,
Furchtbar, unerbittlich ein.
Früh schon ist mein Lauf beschlossen;
Doch das Glück hab' ich genossen,
Und das schönste Loos war mein.
Lebend hab' ich deinem Tempel
Mich geweiht als Priesterin;[85]
Dir ein freudig Opfer sterb' ich,
Venus, große Königin!"

26. Und mit fliegendem Gewande
Schwingt sie von des Thurmes Rande
In die Meerfluth sich hinab.
Hoch in seinen Fluthenreichen
Wälzt der Gott die heil'gen Leichen,
Und er selber ist ihr Grab.
Und mit seinem Raub zufrieden,
Zieht er freudig fort und gießt
Aus der unerschöpften Urne
Seinen Strom, der ewig fließt.

## N o t e s.

[1] The story is taken from mythology, in which Hero was the priestess of Aphrodite, at Sestus, and Leander lived at Abydos. See Ovid, Heroides, 18, 19. A poem bearing this title was written by a certain Musæus about the end of the sixth century A. D.; it was first discovered in the 13th century, and the first edition

was published by Aldus Manutius, about 1494.  [2] they were six
in number.  [3] do you hear the roaring of that surge?  [4] dashing
against the rocks.  [5] Hebe was the goddess of youth.  [6] Sestos
was in Europe, Abydos was somewhat lower down on the opposite
coast of Asia.  The distance between them was about three quarters
of a mile.  [7] sat the maiden, lonely and sad.  [8] Ariadne enabled
Theseus to escape from the labyrinth by giving him a silver
thread, by means of which he found his way out again.  [9] Jason
was promised the Golden Fleece by the Colchian king Aætes, if
he would yoke to a plough two fire-breathing oxen with golden
hoofs.  Medea, falling in love with him, enabled him to do this.
[10] adamantine.  [11] Styx novies interfusa coercet.  See Virg., Georg.
4, 480.  [12] Orpheus attempted to bring back Eurydice from Hades.
[13] when the clear light of day begins to wane.  [14] striving to reach.
[15] where, shining at a high window.  [16] the ruddy light of the
torch gives the signal.  [17] from the crossing endured with such
difficulty.  [18] until the dawn wakes the loiterers.  [19] flohen dahin,
and so passed.  [20] in the stealing of secret joys, i. e. in the joys
of stolen bliss.  [21] snatching it as it grows on the dangerous edge
of Hell's dark river.  [22] that is, the time of year was about September.  [23] in turn.  [24] = die schönen Blätter.  [25] nor, from the
ice-bound regions of the North.  [26] the severe winter.  [27] in their
folly.  [28] i. e. the twilight was coming on.  [29] waiting on the
summit of the rock.  [30] the horses which drew Helios' chariot.
[31] i. e. as the sun was about to sink below the horizon.  [32] and
not even a breath of wind disturbed the crystal surface.  [33] schwärzlicht.  For the form compare Die Kraniche des Jbytus, 2, 8 and
20, 7.  [34] Tethys was wife of Oceanus, and mother of all the
Ocean Nymphs.  [35] they were the only ones who witnessed.  [36] Hecate
was a mysterious goddess.  Compare Ovid, Metam. 7, 194 "nox
arcanis fidissima, tuque triceps Hecate".  [37] I cannot believe that
thou canst deceive.  [38] and the anxiety of love can move thee.
[39] and pine away in continual misery.  [40] but love can prevail
upon thee.  [41] Helle, accompanied by her brother Phrixus, fled from
Ino on a golden ram; she fell into the sea, which was called the
Hellespont after her.  [42] overcome by her beauty.  [43] thou didst
reach up out of your dark depths.  [44] down to the bottom of the
sea.  [45] she now lives on for ever.  [46] ready to help unfortunate
lovers.  [47] she subdues thy wild passions.  [48] and already the
waves began to grow dark.  [49] and she waved the glowing torch.
[50] as a guiding star.  [51] and the sea rose in gloomy billows.
[52] and a mighty tempest arises.  [53] night settles down.  [54] torrents
of rain.  [55] lightning flashes across the skies.  [56] Æolus kept the
winds confined in caves.  [57] monstrous whirl-pools rage.  [58] gaping
like the jaws of Hell.  [59] exclaims the poor girl in her grief.
[60] if the gods have granted my request.  [61] exposed during the
raging of the storm.  [62] the fearless lover.  [63] death alone can
free him from his oath.  [64] he is wrestling with the raging storm.

⁶⁵ the maddened wave.  ⁶⁶ was only assumed to hide thy treacherous designs.  ⁶⁷ into thy false and deceptive space.  ⁶⁸ when return
was shut off.  ⁶⁹ and the surge dashes.  ⁷⁰ the waste of water
has terrors, and, again there is danger in coming ashore.  ⁷¹ Compare the "tempestatibus agnam caedere" of Virgil, Æn. 5, 772.
⁷² of the depths below.  ⁷³ of the heights above.  ⁷⁴ Leucothea
was a marine goddess, formerly Ino, daughter of Cadmus.  She
threw herself into the sea on being pursued by Athamas who was
mad.  ⁷⁵ in danger of ship-wreck.  ⁷⁶ the Greek κρήδεμνον.  See
Odyssey 5, 333 and following lines.  ⁷⁷ Eos, the dawn, is the same
as the Latin Aurora.  ⁷⁸ the sea appears as smooth as glass.
⁷⁹ and they cast ashore; ſchwemmen is here transitive.  ⁸⁰ because
he had reached the shore of Asia as a corpse.  ⁸¹ with one quick
glance.  ⁸² rigid with despair, she gazes on it.  ⁸³ and an unearthly
light colours her pale features.  ⁸⁴ fierce Powers.  ⁸⁵ This must
only be taken in a metaphorical sense.

## 19. Kaſſandra.

1. Freude war in Trojas Hallen,¹
   Eh die hohe Feſte fiel;
   Jubelhymnen hört man ſchallen
   In der Saiten goldnes Spiel;
   Alle Hände ruhen müde
   Von dem thränenvollen Streit,
   Weil der herrliche Pelide
   Priams ſchöne Tochter freit.²


2. Und geſchmückt mit Lorbeerreiſern,³
   Feſtlich wallet Schaar auf Schaar⁴
   Nach der Götter heil'gen Häuſern,
   Zu des Thymbriers Altar.⁵
   Dumpferbrauſend durch die Gaſſen
   Wälzt ſich die bacchant'ſche Luſt,⁶
   Und in ihrem Schmerz verlaſſen
   War nur eine traur'ge Bruſt.⁷

3. Freudlos in der Freuden Fülle,[8]
   Ungesellig und allein,[9]
   Wandelte Kassandra stille
   In Apollos Lorbeerhain.
   In des Waldes tiefste Gründe
   Flüchtete die Seherin,
   Und sie warf die Priesterbinde[10]
   Zu der Erde zürnend[11] hin:


4. „Alles ist der Freude offen,
   Alle Herzen sind beglückt,
   Und die alten Eltern[12] hoffen,
   Und die Schwester[13] steht geschmückt.
   Ich allein muß einsam trauern,
   Denn mich flieht der süße Wahn,[14]
   Und geflügelt[15] diesen Mauern
   Seh' ich das Verderben nahn."


5. „Eine Fackel seh' ich glühen,
   Aber nicht in Hymens[16] Hand;
   Nach den Wolken seh' ich's ziehen,[17]
   Aber nicht wie Opferbrand.[18]
   Feste seh' ich froh bereiten,
   Doch im ahnungsvollen Geist
   Hör' ich schon des Gottes Schreiten,[19]
   Der sie jammervoll zerreißt."


6. „Und sie schelten meine Klagen,
   Und sie höhnen meinen Schmerz.
   Einsam in die Wüste tragen
   Muß ich mein gequältes Herz,[20]

Von den Glücklichen gemieden
Und den Fröhlichen ein Spott!
Schweres hast du mir beschieden,[21]
Pythischer,[22] du arger Gott!"

7. „Dein Orakel[23] zu verkünden,
Warum warfest du mich hin
In die Stadt der ewig Blinden
Mit dem aufgeschlossnen Sinn?
Warum gabst du mir zu sehen,
Was ich doch nicht wenden[24] kann?
Das Verhängte[25] muß geschehen,
Das Gefürchtete[26] muß nahn."

8. „Frommt's,[27] den Schleier aufzuheben,
Wo das nahe Schreckniß droht?
Nur der Irrthum ist das Leben,
Und das Wissen ist der Tod.
Nimm, o nimm die traur'ge Klarheit,
Mir vom Aug den blut'gen Schein![28]
Schrecklich ist es, deiner Wahrheit
Sterbliches Gefäß zu sein."

9. „Meine Blindheit gib mir wieder
Und den fröhlich dunkeln Sinn![29]
Nimmer sang ich freud'ge Lieder,
Seit ich deine Stimme bin.
Zukunft hast du mir gegeben,
Doch du nahmst den Augenblick,[30]
Nahmst der Stunde fröhlich Leben —
Nimm dein falsch Geschenk zurück!"

10. „Nimmer mit dem Schmuck der Bräute[31]
　　　Kränzt' ich mir das duft'ge Haar,
　　　Seit ich deinem Dienst mich weihte
　　　An dem traurigen Altar.
　　　Meine Jugend war nur Weinen,
　　　Und ich kannte nur den Schmerz,
　　　Jede herbe Noth der Meinen
　　　Schlug an mein empfindend Herz."[32]


11. „Fröhlich seh' ich die Gespielen,
　　　Alles um mich lebt und liebt
　　　In der Jugend Lustgefühlen,[33]
　　　Mir nur ist das Herz getrübt.
　　　Mir erscheint der Lenz vergebens,
　　　Der die Erde festlich schmückt;
　　　Wer erfreute sich des Lebens,
　　　Der in seine Tiefen blickt[34]!"


12. „Selig preis' ich Polyxenen
　　　In des Herzens trunknem Wahn,[35]
　　　Denn den Besten der Hellenen
　　　Hofft sie bräutlich zu umfahn.
　　　Stolz ist ihre Brust gehoben,[36]
　　　Ihre Wonne faßt sie kaum,
　　　Nicht euch, Himmlische dort oben,[37]
　　　Neidet sie in ihrem Traum."


13. „Und auch ich hab' ihn gesehen,[38]
　　　Den das Herz verlangend wählt![39]
　　　Seine schönen Blicke flehen,
　　　Von der Liebe Gluth beseelt.[40]

Gerne möcht' ich mit dem Gatten
In die heim'sche Wohnung[41] ziehn;
Doch es tritt ein styg'scher Schatten[42]
Nächtlich zwischen mich und ihn."

14. „Ihre bleichen Larven alle[43]
Sendet mir Proserpina;
Wo ich wandre, wo ich walle,[44]
Stehen mir die Geister da.
In der Jugend frohe Spiele
Drängen sie sich grausend ein,
Ein entsetzliches Gewühle!
Nimmer kann ich fröhlich sein."

15. „Und den Mordstahl[45] seh' ich blinken
Und das Mörderauge glühn;
Nicht zur Rechten, nicht zur Linken
Kann ich vor dem Schreckniß[46] fliehn;
Nicht die Blicke darf ich wenden,
Wissend, schauend, unverwandt[47]
Muß ich mein Geschick vollenden
Fallend in dem fremden Land." —

16. Und noch hallen ihre Worte —
Horch! da dringt verworrner Ton
Fernher aus des Tempels Pforte,
Todt lag Thetis' großer Sohn![48]
Eris[49] schüttelt ihre Schlangen,
Alle Götter fliehn davon,
Und des Donners Wolken[50] hangen
Schwer herab auf Ilion.

## N o t e s.

[1] There is supposed to be peace at this time between the
Greeks and Trojans. Achilles (Pelides) is about to wed Polyxena,
Priam's daughter. [2] woos. [3] with branches of laurel. [4] troop
after troop. [5] to the altar of Thymbrian Apollo: the marriage
was to take place there. Apollo is here called Thymbraean, from
Thymbe, a city in the Troad. [6] the raving bacchants' dance.
[7] Cassandra was beloved by Zeus, who conferred on her the gift
of prophecy; but on her refusing to become his mistress, he ordained
in revenge that none of her prophecies should ever be believed.
[8] sad whilst everyone else was full of gladness. [9] unsociable and
alone. [10] and she threw the sacred fillet. [11] in her passion.
[12] she was the daughter of Priam and Hecuba. [13] Polyxena, who
was going to marry Achilles. [14] for the sweet delusion will not
stay with me. [15] on the wings of the wind. [16] Hymen was the
god of marriage. [17] I see the smoke ascend. She is foretelling
the burning of Troy, which she knows to be close at hand. [18] but
it is not the smoke from a sacrifice. [19] I even now hear the ap-
proach of the god. [20] my heart, torn with grief. [21] severe is
the fate thou hast decreed for me. [22] an epithet of Apollo, from
the Pythian oracle of Delphi. [23] thy decree. [24] which I am unable
to avert. [25] destiny. [26] the dreaded fall. [27] does it help me?
[28] to remove this bloody vision from my eyes. [29] and the joyful
though ignorant mind. [30] the present moment. [31] never with
the ornaments of a bride. [32] fell on my sensitive heart. [33] in
the delightful emotions of youth. [34] who looks into the secrets
of existence. [35] who has now obtained the desire of her heart.
[36] her bosom heaves with pride. [37] not even you, o ye gods above.
[38] ihn refers to Corœbus, son of Mygdon, a Phrygian, who fought
on the side of the Trojans for love of Cassandra. [39] whom my
yearning heart has chosen. [40] illuminated by his reflected passion.
[41] to our home. [42] but a dark shadow. [43] all her ghostly spectres.
[44] whereever I rove, whereever I turn. [45] In the division of the
spoil after the capture of Troy, Cassandra fell to the lot of
Agamemnon, and was afterwards killed by Clytemnestra. [46] out
of the way of the horrible apparition. [47] conscious, clear-sighted,
and immoveable. [48] Achilles. [49] the goddess of discord. Virgil
represents her as wearing snakes in her hair: "Discordia demens,
Vipereum crinem vittis innexa cruentis". Æn. Book 6, 280. [50] and
thunder-clouds settle down gloomily over Troy.

# 20. Die Bürgschaft.[1]

1. Zu Dionys, dem Tyrannen, schlich
Möros den Dolch im Gewande;[2]
Ihn schlugen die Häscher in Bande.
„Was wolltest du mit dem Dolche, sprich!"
Entgegnet ihm finster der Wütherich.[3] —
„Die Stadt vom Tyrannen befreien!" —
„Das sollst du am Kreuze bereuen."[4]

2. „Ich bin," spricht jener, „zu sterben bereit
Und bitte nicht um mein Leben;
Doch willst du Gnade mir geben,[5]
Ich flehe dich um drei Tage Zeit,
Bis ich die Schwester dem Gatten gefreit;
Ich lasse den Freund dir als Bürgen,
Ihn magst du, entrinn' ich,[6] erwürgen."

3. Da lächelt der König mit arger List[7]
Und spricht nach kurzem Bedenken:
„Drei Tage will ich dir schenken;
Doch wisse, wenn sie verstrichen die Frist,[8]
Eh du zurück mir gegeben bist,
So muß er statt deiner[9] erblassen,
Doch dir ist die Strafe erlassen."[10]

4. Und er kommt zum Freunde: „Der König gebeut
Daß ich am Kreuz mit dem Leben
Bezahle das frevelnde Streben;[11]
Doch will er mir gönnen drei Tage Zeit,
Bis ich die Schwester dem Gatten gefreit;
So bleib du dem König zum Pfande,
Bis ich komme, zu lösen die Bande."

5. Und schweigend umarmt ihn der treue Freund[12]
   Und liefert sich aus[13] dem Tyrannen;
   Der andere ziehet von dannen.
   Und ehe das dritte Morgenroth[14] scheint,
   Hat er schnell mit dem Gatten die Schwester vereint,
   Eilt heim mit sorgender Seele,[15]
   Damit er die Frist nicht verfehle.[16]

6. Da gießt unendlicher Regen herab,
   Von den Bergen stürzen die Quellen,
   Und die Bäche, die Ströme schwellen.
   Und er kommt ans Ufer mit wanderndem Stab,[17]
   Da reißet die Brücke der Strudel hinab,
   Und donnernd sprengen die Wogen[18]
   Des Gewölbes[19] krachenden Bogen.

7. Und trostlos irrt er an Ufers Rand;
   Wie weit er auch[20] spähet und blicket
   Und die Stimme, die rufende, schicket,[21]
   Da stößet kein Nachen vom sichern Strand,
   Der ihn setze an das gewünschte Land,
   Kein Schiffer lenket die Fähre,
   Und der wilde Strom wird zum Meere.[22]

8. Da sinkt er ans Ufer und weint und fleht,
   Die Hände zum Zeus erhoben:
   „O hemme des Stromes Toben![23]
   Es eilen die Stunden, im Mittag steht
   Die Sonne,[24] und wenn sie niedergeht,
   Und ich kann die Stadt nicht erreichen,
   So muß der Freund mir erbleichen.“[25]

9. Doch wachsend erneut sich des Stromes Wuth,
Und Welle auf Welle zerrinnet,[26]
Und Stunde an Stunde entrinnet.
Da treibet die Angst ihn, da faßt er sich Muth
Und wirft sich hinein in die brausende Fluth
Und theilt mit gewaltigen Armen
Den Strom, und ein Gott hat Erbarmen.

10. Und gewinnt das Ufer und eilet fort
Und danket dem rettenden Gotte;
Da stürzet die raubende Rotte[27]
Hervor aus des Waldes nächtlichem Ort,[28]
Den Pfad ihm sperrend, und schnaubet Mord[29]
Und hemmet des Wanderers Eile[30]
Mit drohend geschwungener Keule.[31]

11. „Was wollt ihr?" ruft er, vor Schrecken bleich,
„Ich habe nichts, als mein Leben,
Das muß ich dem Könige geben!"
Und entreißt die Keule dem Nächsten[32] gleich:
„Um des Freundes willen erbarmet euch!"
Und drei, mit gewaltigen Streichen,
Erlegt er, die andern entweichen.

12. Und die Sonne versendet glühenden Brand,[33]
Und von der unendlichen Mühe
Ermattet,[34] sinken die Kniee.
„O hast du mich gnädig aus Räubershand,
Aus dem Strom mich gerettet ans heilige Land,[35]
Und soll hier verschmachtend verderben,[36]
Und der Freund mir, der liebende, sterben!"

13. Und horch! da sprudelt es silberhell,
Ganz nahe, wie rieselndes Rauschen,[37]
Und stille hält er, zu lauschen,
Und sieh, aus dem Felsen, geschwätzig,[38] schnell,
Springt murmelnd hervor ein lebendiger Quell,[39]
Und freudig bückt er sich nieder
Und erfrischet die brennenden Glieder.

14. Und die Sonne blickt durch der Zweige Grün[40]
Und malt[41] auf den glänzenden Matten
Der Bäume gigantische Schatten;
Und zwei Wanderer sieht er die Straße ziehn,
Will eilenden Laufes vorüber fliehn,
Da hört er die Worte sie sagen:
„Jetzt wird er ans Kreuz geschlagen."[42]

15. Und die Angst beflügelt[43] den eilenden Fuß,
Ihn jagen der Sorge Qualen;
Da schimmern in Abendroths Strahlen
Von ferne die Zinnen von Syrakus,
Und entgegen kommt ihm Philostratus,
Des Hauses redlicher Hüter,[44]
Der erkennet entsetzt den Gebieter:[45]

16. „Zurück! du rettest den Freund nicht mehr,
So rette das eigene Leben!
Den Tod erleidet er eben.
Von Stunde zu Stunde gewartet' er
Mit hoffender Seele der Wiederkehr,
Ihm konnte den muthigen Glauben[46]
Der Hohn des Tyrannen nicht rauben." —

17. „Und ist es zu spät, und kann ich ihm nicht,
Ein Retter,[47] willkommen erscheinen,
So soll mich der Tod ihm vereinen.
Deß rühme der blut'ge Tyrann sich nicht,
Daß der Freund dem Freunde gebrochen die Pflicht,[48]
Er schlachte der Opfer zweie,
Und glaube an Liebe und Treue!"[49]

18. Und die Sonne geht unter, da steht er am Thor
Und sieht das Kreuz schon erhöhet,
Das die Menge gaffend umstehet;
An dem Seile schon zieht man den Freund empor,
Da zertrennt er gewaltig den dichten Chor:[50]
„Mich, Henker!" ruft er, „erwürget!
Da bin ich, für den er gebürget!"[51]

19. Und Erstaunen ergreift das Volk umher,
In den Armen liegen sich beide
Und weinen vor Schmerzen und Freude.
Da sieht man kein Auge thränenleer,
Und zum Könige bringt man die Wundermähr';[52]
Der fühlt ein menschliches Rühren,[53]
Läßt schnell vor den Thron sie führen.

20. Und blicket sie lange verwundert an;
Drauf spricht er: „Es ist euch gelungen,
Ihr habt das Herz mir bezwungen[54];
Und die Treue, sie ist doch kein leerer Wahn;[55]
So nehmet auch mich zum Genossen an!
Ich sei, gewährt mir die Bitte,[56]
In eurem Bunde der dritte."

# N o t e s.

[1] This ancient legend appears in the Damon and Pythias of Valerius Maxumus. Schiller has followed the story of Mœros and Schiuntios, in the fable of Hygrinus. The tyrant referred to is Dionysius the elder, who died at Syracuse B. C. 367. Some authors, Jamblichus and Diodorus, attribute it to the younger Dionysius. Hygrinus mentions the swollen stream as the sole hindrance to Mœros' return; the other features have been invented by the author. In this poem, he dwells exclusively on the virtues of truth and self-devotion. [2] with his dagger hidden under his clothes — a sort of accusative absolute. [3] the angry tyrant. [4] This is the king's reply. [5] but if you are willing to grant me a favour. [6] if I escape from you. [7] and the king smiles with subtle and malicious intent. [8] if your time of grace shall elapse. [9] instead of you. [10] but your punishment shall be remitted. [11] must atone for my criminal attempt. [12] his faithful friend. [13] and delivers himself up. [14] the dawn of the third day. [15] oppressed by care. [16] so as not to break his engagement. [17] leaning on his stick as he hurries on. [18] and the waves are thundering against and breaking. [19] the arch of the bridge. [20] no matter how far. [21] and no matter how loud he shouts. [22] and the torrent swells till it becomes a sea. [23] Restrain the stream's wild raging. [24] the sun is at its midday-heat. [25] perish for me. [26] and wave breaks upon wave. [27] a band of robbers (this feature of the story was Schiller's own invention). [28] out of the gloomy recesses of the forest. [29] with murderous threats. [30] the traveller's hurried course. [31] and threaten with uplifted staves. [32] from the man that was nearest. [33] and the sun grows very hot (this feature also is Schiller's invention). [34] and tired out with his continued exertions. [35] and enabled me to reach dry land. [36] and must I fall and perish here? [37] like the sound of running water. [38] with babbling stream. [39] a rapid rivulet. [40] through the green foliage of the boughs. [41] reflects. [42] now they are nailing him to the cross. [43] and anxiety lends wings to. [44] Philostratus was his steward. [45] his master. [46] his staunch faith in his friend. [47] as his saviour. [48] of a true friend having broken his word. [49] and let him learn to respect love and faith. [50] the dense crowd. [51] I am the man for whom he has gone bail. [52] and the wonderful tidings reach the king. [53] human emotions. [54] you have won my heart. [55] no unsubstantial idea. [56] if you will allow me.

## 21. Der Taucher.

1. „Wer wagt es, Rittersmann oder Knapp,[1]
Zu tauchen in diesen Schlund?
Einen goldnen Becher werf' ich hinab,
Verschlungen schon hat ihn der schwarze Mund.[2]
Wer mir den Becher kann wieder zeigen,
Er mag ihn behalten, er ist sein eigen."

2. Der König spricht es und wirft von der Höh'
Der Klippe, die schroff und steil
Hinaushängt[3] in die unendliche[4] See,
Den Becher in der Charybde Geheul.[5]
„Wer ist der Beherzte,[6] ich frage wieder,
Zu tauchen in diese Tiefe nieder?"

3. Und die Ritter, die Knappen um ihn her
Vernehmen's und schweigen still,
Sehen hinab in das wilde Meer,
Und keiner den Becher gewinnen will.
Und der König zum drittenmal wieder fraget:
„Ist keiner, der sich hinunter waget?"

4. Doch alles noch stumm bleibt wie zuvor;
Und ein Edelknecht, sanft und keck,[7]
Tritt aus der Knappen zagendem Chor,[8]
Und den Gürtel wirft er, den Mantel weg,
Und alle die Männer umher und Frauen
Auf den herrlichen Jüngling verwundert schauen.

5. Und wie er tritt an des Felsen Hang[9]
Und blickt in den Schlund hinab,[10]
Die Wasser, die sie hinunter schlang,

Die Charybde jetzt brüllend wiedergab,[11]
Und wie mit des fernen Donners Getose[12]
Entstürzen sie schäumend dem finstern Schooße.[13]

6. Und es wallet und siedet und brauset und zischt,[14]
   Wie wenn Wasser mit Feuer sich mengt,
   Bis zum Himmel spritzet der dampfende Gischt,[15]
   Und Fluth auf Fluth sich ohn' Ende drängt,
   Und will sich nimmer erschöpfen und leeren,
   Als wollte das Meer noch ein Meer gebären.

7. Doch endlich, da legt sich[16] die wilde Gewalt,
   Und schwarz aus dem weißen Schaum
   Klafft hinunter ein gähnender Spalt,[17]
   Grundlos, als ging's in den Höllenraum,[18]
   Und reißend[19] sieht man die brandenden Wogen
   Hinab in den strudelnden Trichter[20] gezogen.

8. Jetzt schnell, eh die Brandung[21] wiederkehrt,
   Der Jüngling sich Gott befiehlt,
   Und — ein Schrei des Entsetzens wird rings gehört,
   Und schon hat ihn der Wirbel hinweggespült,[22]
   Und geheimnißvoll über dem kühnen Schwimmer
   Schließt sich der Rachen; er zeigt sich nimmer.

9. Und stille wird's über dem Wasserschlund,
   In der Tiefe nur brauset es hohl,[23]
   Und bebend[24] hört man von Mund zu Mund:
   „Hochherziger Jüngling, fahre wohl!"
   Und hohler und hohler hört man's heulen,
   Und es harrt noch[25] mit bangem, mit schrecklichem Weilen.

10. Und wärfst du die Krone selber hinein
Und sprächst: Wer mir bringet die Kron',
Er soll sie tragen und König sein!
Mich gelüstete nicht nach dem theuren²⁶ Lohn.
Was die heulende Tiefe da unten verhehle,
Das erzählt keine lebende glückliche Seele.²⁷

11. Wohl manches Fahrzeug, vom Strudel gefaßt,
Schoß gäh in die Tiefe hinab:
Doch zerschmettert nur rangen sich Kiel und Mast
Hervor aus dem alles verschlingenden Grab. —
Und heller und heller, wie Sturmes Sausen,²⁸
Hört man's näher und immer näher brausen.

12. Und es wallet und siedet und brauset und zischt,
Wie wenn Wasser mit Feuer sich mengt,
Bis zum Himmel spritzet der dampfende Gischt,
Und Well' auf Well' sich ohn' Ende drängt,
Und wie mit des fernen Donners Getose
Entstürzt es brüllend dem finstern Schooße.

13. Und sieh! aus dem finster fluthenden Schooß,²⁹
Da hebet sich's schwanenweiß,
Und ein Arm und ein glänzender Nacken wird bloß,³⁰
Und es rudert³¹ mit Kraft und mit emsigem Fleiß,
Und er ist's, und hoch in seiner Linken
Schwingt er den Becher mit freudigem Winken.³²

14. Und athmete lang und athmete tief,
Und begrüßte das himmlische Licht.
Mit Frohlocken es einer dem andern rief:

„Er lebt! er ist da! es behielt ihn nicht![33]
Aus dem Grab, aus der strudelnden Wasserhöhle
Hat der Brave gerettet die lebende Seele!"


15. Und er kommt; es umringt ihn die jubelnde Schaar;
Zu des Königs Füßen er sinkt,
Den Becher reicht er ihm knieend dar,
Und der König der lieblichen Tochter winkt,
Die füllt ihn mit funkelndem Wein bis zum Rande,
Und der Jüngling sich also zum König wandte:


16. „Lang lebe der König! Es freue sich,
Wer da athmet im rosigten Licht!
Da unten aber ist's fürchterlich,
Und der Mensch versuche die Götter nicht,[34]
Und begehre nimmer und nimmer zu schauen,
Was sie gnädig bedecken mit Nacht und Grauen."[35]


17. „Es riß mich hinunter blitzesschnell,
Da stürzt' mir aus felsigtem Schacht[36]
Wildfluthend entgegen ein reißender Quell;
Mich packte des Doppelstroms[37] wüthende Macht,
Und wie ein Kreisel, mit schwindelndem Drehen
Trieb mich's um, ich konnte nicht widerstehen."


18. „Da zeigte mir Gott, zu dem ich rief,
In der höchsten schrecklichen Noth,
Aus der Tiefe ragend ein Felsenriff,
Das erfaßt' ich behend und entrann dem Tod.
Und da hing auch der Becher an spitzen Korallen,
Sonst wär' er ins Bodenlose gefallen."[38]

19. „Denn unter mir lag's noch bergetief
In purpurner[39] Finsterniß da,
Und ob's hier dem Ohre gleich ewig schlief,[40]
Das Auge mit Schaudern hinunter sah,
Wie's von Salamandern und Molchen und Drachen
Sich regt' in dem furchtbaren Höllenrachen."

20. „Schwarz wimmelten da, in grausem Gemisch,
Zu scheußlichen Klumpen geballt,
Der stachlichte Roche,[41] der Klippenfisch,
Des Hammers[42] gräuliche Ungestalt,
Und dräuend wies mir die grimmigen Zähne
Der entsetzliche Hai,[43] des Meeres Hyäne."

21. „Und da hing ich, und war's mir mit Grausen bewußt,[44]
Von der menschlichen Hilfe so weit,
Unter Larven[45] die einzige fühlende Brust,
Allein in der gräßlichen Einsamkeit,
Tief unter dem Schall der menschlichen Rede
Bei den Ungeheuern[46] der traurigen Oede."

22. „Und schaudernd dacht' ich's,[47] da kroch's heran,[48]
Regte hundert Gelenke zugleich,
Will schnappen nach mir; in des Schreckens Wahn
Laß ich los der Koralle umklammerten[49] Zweig;
Gleich faßt mich der Strudel mit rasendem Toben,
Doch es war mir zum Heil, er riß mich nach oben."

23. Der König darob sich verwundert schier
Und spricht: „Der Becher ist dein,
Und diesen Ring noch bestimm' ich dir,

7*

Geschmückt mit dem köstlichsten Edelgestein,
Versuchst du's noch einmal und bringst mir Kunde,
Was du sahst auf des Meeres tiefunterstem[50] Grunde."

24. Das hörte die Tochter mit weichem Gefühl,
Und mit schmeichelndem Munde sie fleht:
„Laßt, Vater, genug sein das grausame Spiel!
Er hat euch bestanden,[51] was keiner besteht,
Und könnt ihr des Herzens Gelüsten nicht zähmen,
So mögen die Ritter den Knappen beschämen."

25. Drauf der König greift nach dem Becher schnell,
In den Strudel ihn schleudert hinein:
„Und schaffst du den Becher mir wieder zur Stell',
So sollst du der trefflichste Ritter mir sein,
Und sollst sie als Ehgemahl heut noch umarmen,
Die jetzt für dich bittet mit zartem Erbarmen."

26. Da ergreift's ihm die Seele mit Himmelsgewalt,
Und es blitzt aus den Augen ihm kühn,[52]
Und er siehet erröthen die schöne Gestalt,[53]
Und sieht sie erbleichen und sinken hin;
Da treibt's ihn, den köstlichen Preis zu erwerben,
Und stürzt hinunter auf Leben und Sterben.

27. Wohl hört man die Brandung, wohl kehrt sie zurück,
Sie verkündigt der donnernde Schall;
Da bückt sich's hinunter mit liebendem Blick,
Es kommen, es kommen die Wasser all,[54]
Sie rauschen herauf, sie rauschen nieder,
Den Jüngling bringt keines wieder.

# Notes.

[1] knight or squire. [2] the dark chasm. [3] projects. [4] boundless, perhaps, bottomless. [5] into the roaring whirlpool. [6] who is bold enough? [7] gentle though fearless. [8] came forward out of the group of shrinking squires. [9] to the edge of the rock. [10] and looks down into the chasm. [11] the whirlpool was vomiting forth the waves which it had so lately sucked down. [12] and with a roar like distant thunder. [13] they gush out in foam from her awful womb. [14] This description was much praised by Gœthe. Schiller at the time had never seen a waterfall, but he took his description from the Charybdis of Homer. [15] the spray. [16] becomes quieter. [17] a yawning chasm opens. [18] as if it led to the abode of Hades. [19] whirling. [20] hollow (literally funnel). [21] the breakers. [22] dashed out of sight. [23] a hollow rumbling is heard. [24] a murmur. [25] the spectators listen, the suspense increases. [26] so dearly to be bought. [27] no mortal man will be fortunate enough to relate from experience. [28] like the morning wind. [29] from out of the darkly heaving tide. [30] is exposed. [31] and it strikes out. [32] with joyous gestures. [33] it has not overwhelmed him. [34] but let no man tempt the gods. [35] with the horrors of darkness. [36] from a cave in the rock; felſigtem is like roſigtem in the previous stanza. [37] the twofold current. [38] if it had not been for that, it would have fallen into the bottomless abyss. [39] purpurner = cimmerian. [40] and though to the ear all would appear lifeless. [41] the ray with thorny back. [42] the hammer-fish. [43] the dreadful shark. [44] and was possessed with terror. [45] phantoms. [46] monsters. [47] and in my horror I thought. [48] The force lent by the neuter gender in the lad's narrative is remarkable; es was the fearful monster. [49] to which I had clung. [50] very lowest. [51] at your command he has undergone. [52] and a bold glitter shines forth from his eye. [53] her lovely face. [54] the waters rush in on all sides.

The original of this story is Athanasius Kircher's "Mundus Subterraneus". The diver's name was Nicholas, surnamed "the Fish" or "Pesce"; the king was Frederick I. or Frederick II. of Sicily; he called upon Nicholas to dive into Charybdis to bring back a golden goblet which had been thrown down; this he is said to have recovered after a submersion lasting three quarters of an hour. The king then threw the goblet down again, and also a purse of gold to stimulate him; he dived, and this time perished. Nicholas was supposed to have swum more than once across to the Lipari Islands; and to have lived entire days in the sea, eating nothing but raw fish. — Before writing this poem, the author studied most carefully both the forms and habits of the monsters of the deep; allusion is even made to some "Fish-Books" which he borrowed from Gœthe for that purpose. —

The motives of the hero of this ballad are represented as Love and Honour.

## 22. Ritter Toggenburg.[1]

1. „Ritter, treue Schwesterliebe
   „Widmet euch dies Herz;
„Fordert keine andre Liebe,
   „Denn es macht mir Schmerz.
„Ruhig mag ich euch erscheinen,
   „Ruhig gehen sehn.
„Eurer Augen stilles Weinen
   „Kann ich nicht verstehn."

2. Und er hört's mit stummem Harme[2]
   Reißt sich blutend los,
Preßt sie heftig in die Arme,
   Schwingt sich auf sein Roß,
Schickt zu seinen Mannen allen
   In dem Lande Schweiz;
Nach dem heil'gen Grab sie wallen,
   Auf der Brust das Kreuz.

3. Große Thaten dort geschehen
   Durch der Helden Arm;
Ihres Helmes Büsche[3] wehen
   In der Feinde Schwarm;
Und des Toggenburgers Name
   Schreckt den Muselmann;
Doch das Herz von seinem Grame
   Nicht genesen kann.

4. Und ein Jahr hat er's getragen,
   Trägt's nicht länger mehr;[4]
Ruhe kann er nicht erjagen
   Und verläßt das Heer;

Sieht ein Schiff an Joppe's Strande,
Das die Segel bläht,[5]
Schiffet heim zum theuren Lande,
Wo ihr Athem weht.

5. Und an ihres Schlosses Pforte
Klopft der Pilger an;
Ach, und mit dem Donnerworte[6]
Wird sie aufgethan:
„Die ihr suchet, trägt den Schleier,
„Ist des Himmels Braut,
„Gestern war des Tages Feier,[7]
„Der sie Gott getraut."

6. Da verlässet er auf immer
Seiner Väter Schloß,[8]
Seine Waffen sieht er nimmer,
Noch sein treues Roß.
Von der Toggenburg hernieder
Steigt er unbekannt,
Denn es deckt die edeln Glieder
Härenes Gewand.[9]

7. Und er baut sich eine Hütte
Jener Gegend nah,
Wo das Kloster aus der Mitte
Düstrer Linden sah;[10]
Harrend von des Morgens Lichte
Bis zu Abends Schein,[11]
Stille Hoffnung im Gesichte,
Saß er da allein.

8. Blickte nach dem Kloster drüben,
    Blickte stundenlang
Nach dem Fenster seiner Lieben,
    Bis das Fenster klang,
Bis die Liebliche sich zeigte,
    Bis das theure Bild
Sich ins Thal herunter neigte,
    Ruhig, engelmild. [12]

9. Und dann legt' er froh sich nieder,
    Schlief getröstet ein,
Still sich freuend, wenn es wieder
    Morgen würde sein.
Und so saß er viele Tage,
    Saß viel Jahre lang,
Harrend ohne Schmerz und Klage,
    Bis das Fenster klang,

10. Bis die Liebliche sich zeigte,
    Bis das theure Bild
Sich ins Thal herunter neigte,
    Ruhig, engelmild.
Und so saß er, eine Leiche,
    Eines Morgens da;
Nach dem Fenster noch das bleiche
    Stille Antlitz [13] sah.

## Notes.

[1] This poem was brought out almost simultaneously with "Die Kraniche des Ibykus": it represents the spirit of religious devotion contrasted with earthly passion, at the time of the Crusades. The legend is of Tyrolese origin, variously related of the nunnery of Wolkenriegt near Wolkenstein, in which story the lady had sworn to become a nun at an early age; and of Rolandseck

on the Rhine.  Dr. Simrock, in his "Rheinsagen", refers the legend
to a canonized lady, Ida of Toggenburg. the wife of Henry V. of
Toggenburg, who, being suspected of an intrigue with a subject,
was ordered to be thrown from the rock, but was miraculously
saved.  This is Schiller's first ballad with the exception of "Graf
Eberhard der Greiner von Württemberg".  ² in dumb despair.
³ the plumes of their helmets.  ⁴ can bear it no longer, although
the return to hopeless love is the alternative.  ⁵ just preparing
to start.  ⁶ with news that sounded like thunder in his ears.
⁷ yesterday was the festal day.  ⁸ the castle of his forefathers.
⁹ sackcloth raiment.  ¹⁰ Schiller was perhaps thinking of Lorch,
the scene of his boyhood, which lies beneath a convent fronted
by a large lime-tree.  ¹¹ until twilight.  ¹² peaceful as an angel.
¹³ the pale but placid face.

## 23. Der Kampf mit dem Drachen.¹

1. Was rennt das Volk, was wälzt sich dort
Die langen Gassen brausend fort?²
Stürzt Rhodus unter Feuers Flammen?
Es rottet sich im Sturm³ zusammen,
Und einen Ritter, hoch zu Roß,⁴
Gewahr' ich aus dem Menschentroß;
Und hinter ihm, welch Abenteuer!
Bringt man geschleppt ein Ungeheuer;
Ein Drache scheint es von Gestalt
Mit weitem Krokodilesrachen,
Und alles blickt verwundert bald
Den Ritter an und bald⁵ den Drachen.

2. Und tausend Stimmen werden laut.⁶
„Das ist der Lindwurm,⁷ kommt und schaut,
Der Hirt und Heerden uns verschlungen⁸!
Das ist der Held, der ihn bezwungen!
Viel andre zogen vor ihm aus,
Zu wagen den gewalt'gen Strauß,⁹

Doch keinen sah man wiederkehren;
Den kühnen Ritter soll man ehren!"[10]
Und nach dem Kloster geht der Zug,
Wo Sanct Johanns des Täufers Orden,[11]
Die Ritter des Spitals,[12] im Flug
Zu Rathe sind versammelt worden.

3. Und vor den edeln Meister tritt
Der Jüngling mit bescheidnem Schritt;
Nachdrängt das Volk, mit wildem Rufen,
Erfüllend des Geländers Stufen.[13]
Und jener nimmt das Wort und spricht:[14]
„Ich hab' erfüllt die Ritterpflicht.
Der Drache, der das Land veröbet,
Er liegt von meiner Hand getödtet;
Frei ist dem Wanderer der Weg,
Der Hirte treibe ins Gefilde,[15]
Froh walle auf dem Felsensteg
Der Pilger zu dem Gnadenbilde."[16]

4. Doch strenge blickt der Fürst ihn an
Und spricht: „Du hast als Held gethan;
Der Muth ist's, der den Ritter ehret,
Du hast den kühnen Geist bewähret.
Doch sprich! was ist die erste Pflicht
Des Ritters, der für Christum ficht,
Sich schmücket mit des Kreuzes Zeichen[17]?"
Und alle rings herum erbleichen.
Doch er, mit edlem Anstand,[18] spricht,
Indem er sich erröthend neiget:
„Gehorsam ist die erste[19] Pflicht,
Die ihn des Schmuckes würdig zeiget."

5. „Und diese Pflicht, mein Sohn," versetzt
Der Meister, „hast du frech verletzt.[20]
Den Kampf, den das Gesetz versaget,
Hast du mit frevlem Muth gewaget!" —
„Herr, richte, wenn du alles weißt,"
Spricht jener mit gesetztem Geist,[21]
„Denn des Gesetzes Sinn und Willen[22]
Vermeint' ich treulich zu erfüllen.
Nicht unbedachtsam zog ich hin,
Das Ungeheuer zu bekriegen:
Durch List und kluggewandten Sinn[23]
Versucht' ich's, in dem Kampf zu siegen."

6. „Fünf unsers Ordens waren schon,
Die Zierden der Religion,[24]
Des kühnen Muthes[25] Opfer worden;
Da wehrtest du den Kampf dem Orden.
Doch an dem Herzen nagten mir
Der Unmuth und die Streitbegier,
Ja, selbst im Traum der stillen Nächte
Fand ich mich keuchend im Gefechte;[26]
Und wenn der Morgen dämmernd kam[27]
Und Kunde gab von neuen Plagen,
Da faßte mich ein wilder Gram,
Und ich beschloß, es frisch zu wagen."

7. „Und zu mir selber sprach ich dann:
Was schmückt den Jüngling, ehrt den Mann?
Was leisteten die tapfern Helden,
Von denen uns die Lieder melden,
Die zu der Götter Glanz und Ruhm
Erhub das blinde Heidenthum?

Sie reinigten von Ungeheuern
Die Welt in kühnen Abenteuern,
Begegneten im Kampf den Leun[28]
Und rangen mit den Minotauren,[29]
Die armen Opfer zu befrein,
Und ließen sich das Blut nicht dauren."[30]


8. „Ist nur der Saracen es werth,
Daß ihn bekämpft des Christen Schwert?
Bekriegt er nur die falschen Götter?
Gesandt ist er der Welt zum Retter,
Von jeder Noth und jedem Harm
Befreien muß sein starker Arm;
Doch seinen Muth muß Weisheit leiten,
Und List muß mit der Stärke[31] streiten.
So sprach ich oft und zog allein,
Des Raubthiers Fährte zu erkunden;[32]
Da flößte mir der Geist es ein,[33]
Froh rief ich aus: Ich hab's gefunden!"


9. „Und trat zu dir und sprach das Wort:
Mich zieht es nach der Heimath fort.[34]
Du, Herr, willfahrtest meinen Bitten,[35]
Und glücklich war das Meer durchschnitten.
Kaum stieg ich aus am heim'schen Strand[36]
Gleich ließ ich durch des Künstlers Hand,
Getreu den wohlbemerkten Zügen,[37]
Ein Drachenbild zusammenfügen.
Auf kurzen Füßen wird die Last
Des langen Leibes aufgethürmet;
Ein schuppicht Panzerhemd[38] umfaßt
Den Rücken, den es furchtbar schirmet."

10. „Lang strecket sich der Hals hervor,
Und gräßlich, wie ein Höllenthor,
Als schnappt' es gierig nach der Beute,
Eröffnet sich des Rachens Weite,
Und aus dem schwarzen Schlunde dräun
Der Zähne stachelichte Reihn;³⁹
Die Zunge gleicht des Schwertes Spitze,
Die kleinen Augen sprühen Blitze;⁴⁰
In einer Schlange endigt sich
Des Rückens ungeheure Länge,⁴¹
Rollt um sich selber fürchterlich,
Daß es um Mann und Roß sich schlänge."⁴²

11. „Und alles bild' ich nach genau⁴³
Und kleid' es in ein scheußlich Grau;⁴⁴
Halb Wurm erschien's, halb Molch und Drache,
Gezeuget in der gift'gen Lache.⁴⁵
Und als das Bild vollendet war,
Erwähl' ich mir ein Doggenpaar,
Gewaltig, schnell, von flinken Läufen,
Gewohnt, den wilden Ur zu greifen.
Die hetz' ich auf den Lindwurm an,⁴⁶
Erhitze sie zu wildem Grimme,
Zu fassen ihn mit scharfem Zahn,
Und lenke sie mit meiner Stimme."

12. „Und wo des Bauches weiches Vließ
Den scharfen Bissen Blöße ließ,⁴⁷
Da reiz' ich sie, den Wurm zu packen,
Die spitzen Zähne einzuhacken.⁴⁸
Ich selbst, bewaffnet mit Geschoß,⁴⁹
Besteige mein arabisch Roß,

Von adeliger Zucht entstammet;[50]
Und als ich seinen Zorn entflammet,[51]
Rasch auf den Drachen spreng' ich's los
Und stachl' es[52] mit den scharfen Sporen,
Und werfe zielend mein Geschoß,
Als wollt' ich die Gestalt durchbohren."


13. „Ob auch[53] das Roß sich grauend bäumt
Und knirscht und in den Zügel schäumt,[54]
Und meine Doggen ängstlich stöhnen,[55]
Nicht rast' ich, bis sie sich gewöhnen.
So üb' ich's aus[56] mit Emsigkeit,
Bis dreimal sich der Mond erneut,
Und als sie jedes recht begriffen,
Führ' ich sie her auf schnellen Schiffen.
Der dritte Morgen ist es nun,
Daß mir's gelungen, hier zu landen;
Den Gliedern gönnt' ich kaum zu ruhn
Bis ich das große Werk bestanden."[57]


14. „Denn heiß erregte mir das Herz
Des Landes frisch erneuter Schmerz,
Zerrissen fand man jüngst die Hirten,
Die nach dem Sumpfe sich verirrten.
Und ich beschließe rasch die That,
Nur von dem Herzen nehm' ich Rath.
Flugs unterricht' ich meine Knappen,
Besteige den versuchten Rappen,[58]
Und von dem edeln Doggenpaar
Begleitet, auf geheimen Wegen,
Wo meiner That kein Zeuge war,
Reit' ich dem Feinde frisch entgegen."

15. „Das Kirchlein kennst du, Herr, das hoch
Auf eines Felsenberges Joch,[59]
Der weit die Insel überschauet,
Des Meisters kühner Geist erbauet.[60]
Verächtlich scheint es, arm und klein,
Doch ein Mirakel schließt es ein,
Die Mutter mit dem Jesusknaben,
Den die drei Könige begaben.
Auf dreimal dreißig Stufen steigt
Der Pilgrim nach der steilen Höhe;
Doch hat er schwindelnd sie erreicht,
Erquickt ihn seines Heiland's Nähe."

16. „Tief in den Fels, auf dem es hängt,
Ist eine Grotte eingesprengt,[61]
Vom Thau des nahen Moors befeuchtet,
Wohin des Himmels Strahl nicht leuchtet.[62]
Hier hausete der Wurm und lag,
Den Raub erspähend, Nacht und Tag,
So hielt er, wie der Höllendrache,[63]
Am Fuß des Gotteshauses Wache;
Und kam der Pilgrim hergewallt[64]
Und lenkte in die Unglücksstraße,
Hervorbrach aus dem Hinterhalt[65]
Der Feind und trug ihn fort zum Fraße."[66]

17. „Den Felsen stieg ich jetzt hinan,
Eh' ich den schweren Strauß begann;
Hin kniet' ich vor dem Christuskinde
Und reinigte mein Herz von Sünde.
Drauf gürt' ich mir im Heiligthum[67]
Den blanken Schmuck der Waffen um,[68]

Bewehre mit dem Spieß die Rechte,
Und nieder steig' ich zum Gefechte.
Zurücke bleibt der Knappen Troß;
Ich gebe scheidend die Befehle,
Und schwinge mich behend aufs Roß,
Und Gott empfehl' ich meine Seele."

18. „Kaum seh' ich mich[69] im ebnen Plan.
Flugs schlagen meine Doggen an,
Und bang beginnt das Roß zu keuchen
Und bäumet sich und will nicht weichen;[70]
Denn nahe liegt, zum Knäul geballt,
Des Feindes scheußliche Gestalt[71]
Und sonnet sich[72] auf warmem Grunde.
Auf jagen ihn die flinken Hunde;
Doch wenden sie sich pfeilgeschwind,[73]
Als es den Rachen gähnend theilet[74]
Und von sich haucht den gift'gen Wind[75]
Und winselnd wie der Schakal heulet[76]."

19. „Doch schnell erfrisch' ich ihren Muth,
Sie fassen ihren Feind mit Wuth,
Indem ich nach des Thieres Lende
Aus starker Faust[77] den Speer versende;
Doch machtlos, wie ein dünner Stab,[78]
Prallt er vom Schuppenpanzer[79] ab,
Und eh' ich meinen Wurf erneuet,[80]
Da bäumet sich mein Roß und scheuet
An seinem Basilistenblick[81]
Und seines Athems gift'gem Wehen,
Und mit Entsetzen springt's zurück,
Und jetzo war's um mich geschehen — "

20. „Da schwing' ich mich behend vom Roß,
    Schnell ist des Schwertes Schneide bloß:[82]
    Doch alle Streiche sind verloren,[83]
    Den Felsenharnisch zu durchbohren.
    Und wüthend mit des Schweifes Kraft[84]
    Hat es zur Erde mich gerafft;
    Schon seh' ich seinen Rachen gähnen,
    Es haut nach mir[85] mit grimmen Zähnen,
    Als meine Hunde, wuthentbrannt,[86]
    An seinen Bauch mit grimm'gen Bissen
    Sich warfen, daß es heulend stand,[87]
    Von ungeheurem Schmerz zerrissen."

21. „Und, eh' es ihren Bissen sich
    Entwindet,[88] rasch erheb' ich mich,
    Erspähe mir des Feindes Blöße[89]
    Und stoße tief ihm ins Gekröse,
    Nachbohrend bis ans Heft, den Stahl.
    Schwarzquellend springt des Blutes Strahl,[90]
    Hin sinkt es und begräbt im Falle
    Mich mit des Leibes Riesenballe,[91]
    Daß schnell die Sinne mir vergehn.
    Und als 'ich neugestärkt erwache,
    Seh' ich die Knappen um mich stehn,
    Und todt im Blute liegt der Drache."

22. Des Beifalls lang gehemmte Lust[92]
    Befreit jetzt aller Hörer Brust,
    So wie der Ritter dies gesprochen;
    Und zehnfach am Gewölb gebrochen,[93]
    Wälzt der vermischten Stimmen Schall
    Sich brausend fort im Wiederhall.

8

Laut fordern selbst des Ordens Söhne,
Daß man die Heldenstirne kröne,
Und dankbar im Triumphgepräng[94]
Will ihn das Volk dem Volke zeigen;
Da faltet seine Stirne streng
Der Meister und gebietet Schweigen.[95]

23. Und spricht: „Den Drachen, der dies Land
Verheert, schlugst du mit tapfrer Hand;
Ein Gott bist du dem Volke worden,
Ein Feind kommst du zurück dem Orden,
Und einen schlimmern Wurm[96] gebar
Dein Herz, als dieser Drache war.
Die Schlange, die das Herz vergiftet,
Die Zwietracht und Verderben stiftet,
Das ist der widerspenst'ge Geist,[97]
Der gegen Zucht sich frech empöret,
Der Ordnung heilig Band zerreißt;
Denn der ist's, der die Welt zerstöret."

24. Muth zeiget auch der Mameluck,[98]
Gehorsam ist des Christen Schmuck;
Denn wo der Herr in seiner Größe
Gewandelt hat in Knechtesblöße,[99]
Da stifteten, auf heil'gem Grund,
Die Väter dieses Ordens Bund,
Der Pflichten schwerste zu erfüllen.[100]
Zu bändigen den eignen Willen.
Dich hat der eitle Ruhm bewegt,
Drum wende dich aus meinen Blicken!
Denn wer des Herren Joch nicht trägt,
Darf sich mit seinem Kreuz nicht schmücken."

25. Da bricht die Menge tobend aus,
Gewalt'ger Sturm bewegt das Haus,
Um Gnade flehen alle Brüder;
Doch schweigend blickt der Jüngling nieder,
Still legt er von sich das Gewand
Und küßt des Meisters strenge Hand
Und geht. Der folgt[101] ihm mit dem Blicke,
Dann ruft er liebend[102] ihn zurücke
Und spricht: „Umarme mich, mein Sohn!
Dir ist der härt're Kampf gelungen.[103]
Nimm dieses Kreuz. Es ist der Lohn
Der Demuth, die sich selbst bezwungen."

## Notes.

[1] This poem, the subject of which is monastic and knightly chivalry, was written in the summer of 1798. The story is taken from Vertot's history; the name of the Grand Master was Helion de Villeneuve, who held this post 1323—46; the name of the hero was Dieudonné de Gozon, of a noble family of Provence, who himself became Grand Master in 1346. The rebuke of the Grand Master is probably taken from Plutarch. The hero died in 1353, and on his tomb-stone the famous inscription "Draconis extinctor" was cut. [2] and why do they crowd together and rush down the whole length of the street? [3] in a surging mass. [4] mounted. [5] now at the knight and now at the dragon. [6] exclaim. [7] the dragon. [8] which has devoured our shepherds and flocks. [9] the dire battle. [10] we ought to honour. [11] of the order of St. John the Baptist. [12] the knights of the Hospital. [13] filling up the railed staircase. [14] and the latter begins to speak. [15] let the shepherd drive out his flocks to pasture. [16] to the shrine of grace. [17] the badge of the order was a white cross upon a red or black ground. [18] with becoming grace. [19] the first; poverty was the second; and chastity the third. [20] thou hast boldly disregarded. [21] said he resignedly. [22] sense and meaning. [23] cunning craft. [24] the flower of our faith. [25] to their bold enterprise. [26] gasping for breath in the struggle. [27] and when morning dawned. [28] this is an allusion to Hercules. [29] Theseus overcame the Minotaur, a monster living in a labyrinth on the island of Crete, to which seven young men and seven young women were sent annually from Athens as a tribute. [30] and took no thought for their own lives. [31] on the same side as his strength. [32] to spy out the dragon's haunts. [33] and soon the idea struck me.

[34] I should wish to go home.  [35] didst grant in my request.  [36] on my native shore.  [37] similar in every respect to the well-known features.  [38] a coat formed of metal plates.  [39] a row of teeth as sharp as needles.  [40] its small eyes flashed like lightning.  [41] the long back of the monster ended in the form of a serpent.  [42] long enough to envelope horse and rider in its folds.  [43] and I imitated every detail to perfection.  [44] with a hideous coat of grey paint.  [45] born in the poisonous lake.  [46] I set them at the dragon.  [47] leaves part of the body improtected from their sharp teeth.  [48] and to force in their sharp teeth.  [49] armed with my spear.  [50] descended from a noble breed.  [51] and having put him on his mettle.  [52] i. e. the horse.  [53] and although.  [54] and champed his bit and foamed.  [55] whine with terror.  [56] so I went on till I succeeded.  [57] until I had attempted my great adventure.  [58] mounted my trained steed.  [59] on the ridge of a rocky hill.  [60] built by the bold spirit of invention of a master's hand.  [61] a cavern has been hollowed out.  [62] to which the light of heaven never penetrates.  [63] like the dragon of hell, i. e. Satan.  [64] and if the pilgrim happened to pass along.  [65] burst forth from its retreat.  [66] to make a meal of.  [67] in the holy place.  [68] my glittering arms.  [69] hardly had I found myself.  [70] and rears and refuses to be controlled.  [71] their opponent's dread form.  [72] it is basking.  [73] as quick as thought, literally, as quick as arrows.  [74] when it gapes and opens its jaws.  [75] its poisonous breath.  [76] and yelps like a jackal.  [77] from my sturdy grip.  [78] like a thin bit of stick.  [79] from its scaly covering.  [80] before I had time to try again.  [81] The look of a basilisk was supposed to be deadly.  [82] I unsheathed my sword at once.  [83] but all blows appear unavailing.  [84] and switching his powerful tail.  [85] he snaps at me.  [86] goaded to fury.  [87] so that he stopped short, groaning in agony.  [88] and, before they loosed their hold.  [89] the unprotected portion of its body.  [90] the blood spurts out in a dark stream.  [91] with its gigantic mass.  [92] the long pent-up desire to applaud.  [93] was re-echoed against the ceiling.  [94] in the magnificence of the triumph.  [95] and orders silence.  [96] a more poisonous serpent.  [97] it is a stubborn disposition.  [98] the body guard of the sultan was composed of Mamelukes, many of whom had been born Christians.  [99] in the guise of a peasant.  [100] to fulfil the most severe duty of all.  [101] i. e. the Grand Master.  [102] in affectionate tones.  [103] you have conquered in the more severe struggle.

(Great dramatic effect is added by making the hero the narrator of his own adventures. The virtue of Christian meekness is brought prominently forward. Schiller has considerably altered the details of the story. In the original the knight was put in prison, and even condemned to death, but was let off on the intercession of the people.

This Order of Knights was originally founded for the relief

of sick pilgrims by some merchants in 1118. It received its name
from the Hospital of St. John of Jerusalem. In 1307 it settled
in Rhodes, and in 1522 passed over to Malta.)

## 24. Der Gang nach dem Eisenhammer.[1]

1. Ein frommer Knecht war Fridolin,
   Und in der Furcht des Herrn
   Ergeben der Gebieterin,
   Der Gräfin von Savern.
   Sie war so sanft, sie war so gut;
   Doch auch der Launen Uebermuth[2]
   Hätt' er geeifert zu erfüllen
   Mit Freudigkeit, um Gottes willen.

2. Früh von des Tages erstem Schein,[3]
   Bis spät die Vesper schlug,[4]
   Lebt' er nur ihrem Dienst allein,
   That nimmer sich genug.[5]
   Und sprach die Dame: „Mach dir's leicht!"
   Da wurd' ihm gleich das Auge feucht,
   Und meinte, seiner Pflicht zu fehlen,
   Durft' er sich nicht im Dienste quälen.[6]

3. Drum vor dem ganzen Dienertroß
   Die Gräfin ihn erhob;
   Aus ihrem schönen Munde floß
   Sein unerschöpftes Lob.[7]
   Sie hielt ihn nicht als ihren Knecht,
   Es gab ihr Herz ihm Kindesrecht[8];
   Ihr klares Auge mit Vergnügen
   Hing an den wohlgestalten Zügen.

4. Darob entbrennt in Roberts Brust,
Des Jägers, gift'ger Groll,[9]
Dem längst von böser Schadenlust[10]
Die schwarze Seele schwoll:
Und trat zum Grafen, rasch zur That
Und offen des Verführers Rath,
Als einst vom Jagen heim sie kamen,[11]
Streut' ihm ins Herz des Argwohns Samen.


5. „Wie seid ihr glücklich, edler Graf,"
Hub er voll Arglist an,
„Euch raubet nicht den goldnen Schlaf
Des Zweifels gift'ger Zahn;
Denn ihr besitzt ein edles Weib,
Es gürtet Scham den keuschen Leib.
Die fromme Treue zu berücken[12]
Wird nimmer dem Versucher glücken."


6. Da rollt der Graf die finstern Brau'n:[13]
„Was red'st du mir, Gesell?
Werd' ich auf Weibestugend bau'n,
Beweglich wie die Well'?
Leicht locket sie des Schmeichlers Mund;
Mein Glaube steht auf festerm Grund.
Vom Weib des Grafen von Saverne
Bleibt, hoff' ich, der Versucher ferne."


7. Der andre spricht: „So denkt ihr recht.
Nur euren Spott verdient
Der Thor, der, ein geborner Knecht,
Ein solches sich erkühnt,[14]

Und zu der Frau, die ihm gebeut,
Erhebt der Wünsche Lüsternheit" —
„Was?" fällt ihm jener ein[15] und bebet,
„Red'st du von einem, der da lebet?" —

8. „Ja doch, was aller Mund erfüllt,
Das bärg' sich meinem Herrn![16]
Doch, weil ihr's denn mit Fleiß verhüllt,
So unterdrück' ich's gern" —
„Du bist des Todes, Bube, sprich!"[17]
Ruft jener streng und fürchterlich.
„Wer hebt das Aug zu Kunigonden?" —
„Nun ja, ich spreche von dem Blonden."[18]

9. „Er ist nicht häßlich von Gestalt,"
Fährt er mit Arglist fort,
Indem's den Grafen heiß und kalt
Durchrieselt[19] bei dem Wort.
„Ist's möglich, Herr? Ihr saht es nie,
Wie er nur Augen hat für sie?
Bei Tafel eurer selbst nicht achtet,
An ihren Stuhl gefesselt schmachtet?"

10. „Seht da die Verse, die er schrieb
Und seine Gluth gesteht" —
„Gesteht!" — „Und sie um Gegenlieb',
Der freche Bube! fleht.
Die gnäd'ge Gräfin, sanft und weich,
Aus Mitleid wohl verbarg sie's euch;
Mich reuet jetzt, daß mir's entfahren,
Denn, Herr, was habt ihr zu befahren[20]?"

11. Da ritt in seines Zornes Wuth[21]
Der Graf ins nahe Holz,
Wo ihm in hoher Oefen Gluth
Die Eisenstufe schmolz.[22]
Hier nährten früh und spat den Brand
Die Knechte mit geschäft'ger Hand;
Der Funke sprüht, die Bälge blasen,
Als gält' es, Felsen zu verglasen.[23]

12. Des Wassers und des Feuers Kraft
Verbündet sieht man hier;
Das Mühlrad, von der Fluth gerafft,[24]
Umwälzt sich für und für;[25]
Die Werke klappern Nacht und Tag,[26]
Im Takte pocht der Hämmer Schlag,
Und bildsam von[27] den mächt'gen Streichen
Muß selbst das Eisen sich erweichen.

13. Und zweien Knechten winket er,
Bedeutet sie und sagt:
„Den ersten, den ich sende her,
Und der euch also fragt:
„„Habt ihr befolgt des Herren Wort?""
Den werft mir in die Hölle dort,
Daß er zu Asche gleich vergehe,
Und ihn mein Aug nicht weiter sehe!"

14. Deß freut sich das entmenschte Paar[28]
Mit roher Henkerslust,[29]
Denn fühllos, wie das Eisen, war
Das Herz in ihrer Brust.

Und frischer mit der Bälge Hauch
Erhitzen sie des Ofens Bauch,
Und schicken sich[30] mit Mordverlangen,
Das Todesopfer zu empfangen.

15. Drauf Robert zum Gesellen spricht
Mit falschem Heuchelschein:[31]
„Frisch auf, Gesell, und säume nicht,
Der Herr begehret dein.“[32]
Der Herr, der spricht zu Fridolin:
„Mußt gleich zum Eisenhammer hin,[33]
Und frage mir die Knechte dorten,
Ob sie gethan nach meinen Worten?“

16. Und jener spricht: „Es soll geschehn!“
Und macht sich flugs bereit.
Doch sinnend bleibt er plötzlich stehn:[34]
„Ob s i e mir nichts gebeut[35]?“
Und vor die Gräfin stellt er sich:
„Hinaus zum Hammer schickt man mich;
So sag, was kann ich dir verrichten?
Denn dir gehören meine Pflichten.“[36]

17. Darauf die Dame von Savern
Versetzt mit sanftem Ton:
„Die heil'ge Messe hört' ich gern,
Doch liegt mir krank der Sohn!
So gehe denn, mein Kind, und sprich
In Andacht[37] ein Gebet für mich,
Und denkst du reuig[38] deiner Sünden,
So laß auch mich die Gnade finden.“[39]

18. Und froh der vielwillkommnen Pflicht,[40]
Macht er im Flug sich auf,[41]
Hat noch des Dorfes Ende nicht
Erreicht im schnellen Lauf,
Da tönt[42] ihm von dem Glockenstrang
Hell schlagend des Geläutes Klang,[43]
Das alle Sünder, hochbegnadet,
Zum Sacramente festlich ladet.


19. „Dem lieben Gotte weich' nicht aus,[44]
Find'st du ihn auf dem Weg!" —
Er spricht's und tritt ins Gotteshaus;
Kein Laut ist hier noch reg';
Denn um die Ernte war's, und heiß
Im Felde glüht' der Schnitter Fleiß.
Kein Chorgehilfe war erschienen,
Die Messe kundig zu bedienen.[45]


20. Entschlossen ist er alsobald
Und macht den Sacristan;[46]
„Das," spricht er, „ist kein Aufenthalt,
Was fördert himmelan."[47]
Die S t o l a und das C i n g u l u m[48]
Hängt er dem Priester dienend um,
Bereitet hurtig die Gefäße,
Geheiliget zum Dienst der Messe.


21. Und als er dies mit Fleiß gethan,
Tritt er als Ministrant
Dem Priester zum Altar voran,
Das Meßbuch in der Hand,

Und knieet rechts und knieet links,
Und ist gewärtig jedes Winks,[49]
Und als des S a n c t u s[50] Worte kamen,
Da schellt er dreimal bei dem Namen.

22. Drauf als der Priester fromm sich neigt,
Und, zum Altar gewandt,
Den Gott, den gegenwärt'gen, zeigt[51]
In hocherhabner Hand,
Da kündet es der Sacristan
Mit hellem Glöcklein klingend an,
Und alles kniet und schlägt die Brüste,
Sich fromm bekreuzend vor dem Christe.

23. So übt er jedes pünktlich[52] aus
Mit schnell gewandtem Sinn,[53]
Was Brauch ist in dem Gotteshaus,
Er hat es alles inn,[54]
Und wird nicht müde bis zum Schluß
Bis beim V o b i s c u m   D o m i n u s[55]
Der Priester zur Gemein[56] sich wendet,
Die heil'ge Handlung segnend endet.[57]

24. Da stellt er jedes wiederum
In Ordnung säuberlich;[58]
Erst reinigt er das Heiligthum,
Und dann entfernt er sich,
Und eilt, in des Gewissens Ruh,[59]
Den Eisenhütten[60] heiter zu,
Spricht unterwegs, die Zahl[61] zu füllen,
Zwölf Paternoster noch im Stillen.

25. Und als er rauchen sieht den Schlot[62]
Und sieht die Knechte stehn,
Da ruft er: „Was der Graf gebot,
Ihr Knechte, ist's geschehn?"
Und grinsend zerren sie den Mund[63]
Und deuten in des Ofens Schlund:
„Der ist besorgt und aufgehoben,
Der Graf wird seine Diener loben."

26. Die Antwort bringt er seinem Herrn
In schnellem Lauf zurück.
Als der ihn kommen sieht von fern,
Kaum traut er seinem Blick:[64]
„Unglücklicher! wo kommst du her?" —
„Vom Eisenhammer." — „Nimmermehr!
So hast du dich im Lauf verspätet?" —
„Herr, nur so lang, bis ich gebetet."

27. Denn, als von eurem Angesicht
Ich heute ging, verzeiht!
Da fragt' ich erst, nach meiner Pflicht,
Bei der, die mir gebeut.
Die Messe, Herr, befahl sie mir
Zu hören; gern gehorcht' ich ihr,
Und sprach der Rosenkränze viere[65]
Für euer Heil und für das ihre."

28. In tiefes Staunen sinket hier
Der Graf, entsetzet sich:
„Und welche Antwort wurde dir
Am Eisenhammer? sprich!" —

„Herr, dunkel war der Rede Sinn,[66]
Zum Ofen wies man lachend hin:[67]
Der ist besorgt und aufgehoben,
Der Graf wird seine Diener loben." —

29. „Und Robert?" fällt der Graf ihm ein,[68]
Es überläuft ihn kalt,[69]
„Sollt' er dir nicht begegnet sein?[70]
Ich sandt' ihn' doch zum Wald." —
„Herr, nicht im Wald, nicht in der Flur
Fand ich von Robert eine Spur" —
„Nun," ruft der Graf und steht vernichtet,[71]
„Gott selbst im Himmel hat gerichtet!"

30. Und gütig, wie er nie gepflegt,
Nimmt er des Dieners Hand,
Bringt ihn der Gattin, tiefbewegt,
Die nichts davon verstand.
„Dies Kind, kein Engel ist so rein,
Laßt's eurer Huld empfohlen sein!
Wie schlimm wir auch berathen waren,[72]
Mit dem ist Gott und seine Schaaren."

**Notes.**

[1] The message to the forge. This story is said to have been obtained from a French source; the author of the original was Rétif de la Bretonne; in his work the page was called Champagne, and Robert was called Pinson. [2] every wayward wish. [3] from the dawn of day. [4] till the bell chimed for vespers late in the evening. [5] and never worked hard enough to satisfy himself. [6] if he did not exert himself to serve his lady. [7] his praise, nor did she ever grow tired of recounting it. [8] and in her heart she looked on him as a child. [9] venomous dislike. [10] desire to injure him. [11] as they happened to be returning from hunting. [12] to ensnare. [13] at that the count frowned darkly. [14] has dared to aspire to such a thing. [15] the count breaks out. [16] is it possible that my lord is ignorant of that which. [17] speak, lad,

or I will kill you. [18] well, I mean the fair page. [19] whilst the count feels alternately hot and cold. [20] what canst thou do to obviate it. [21] mad with anger. [22] a mass of ore was being melted. [23] as if they were trying to liquefy the rocks. [24] whirled round by the current. [25] is continually circulating. [26] the din of machinery in motion is heard night and day. [27] and yielding to. [28] the two inhuman fellows are delighted at the prospect. [29] with blood-thirsty desires. [30] and they prepare. [31] in hypocritical tones. [32] my master wants you. [33] away with you to the foundry! [34] but he suddenly stops short to think. [35] I wonder if *she* has no commands for me. These are the page's own words. [36] for you have the first claim on my attention. [37] devoutly. [38] and if thou dost repent. [39] then may I too obtain absolution. [40] and delighted with the duty which is so welcome to him. [41] he starts off in haste. [42] when there sounds. [43] the clear stroke of the bell. [44] the page was starting off to do his master's bidding; but the bell recalls to him this proverb. [45] to minister with experienced hands, no attendant choir had as yet appeared. [46] and takes upon himself the duty of Sacristan. [47] which raises the soul to heaven. [48] the *Stola* was a broad white band worn over the undergarment; the *Cingulum* was a white cord worn round the waist. [49] and pays attention to every sign. [50] i. e. the "Holy, Holy, Holy!", the last words of the prayer. [51] shows the presence of the godhead. [52] to perfection. [53] with quick and handy intelligence. [54] he executes in every detail. [55] i. e. the Lord be with you. [56] to the congregation. [57] ends the sacred service with a blessing. [58] neatly away in their right places. [59] with peace of mind. [60] to the foundry. [61] the prescribed number. [62] the chimney of the furnace. [63] they open the door. [64] he can hardly believe his eyes. [65] four rosaries. [66] the meaning of their words was obscure. [67] they grinned and pointed to the furnace. [68] interrupts the count. [69] and a cold shudder shakes him. [70] is it possible that he has not met you? [71] and stands appalled. [72] no matter what false counsel was given us.

(This poem first appeared 23. September 1797. It is interesting in that it shows us how well versed Schiller must have been in the details of a Catholic ritual, which are described here with the greatest minuteness.)

## 25. Der Graf von Habsburg.[1]

1. Zu Aachen[2] in seiner Kaiserpracht,
   Im alterthümlichen Saale,
   Saß König Rudolphs heilige Macht[3]
   Beim festlichen Krönungsmahle.
   Die Speisen trug der Pfalzgraf des Rheins,[4]
   Es schenkte der Böhme[5] des perlenden Weins,
   Und alle die Wähler, die sieben,[6]
   Wie der Sterne Chor um die Sonne sich stellt,
   Umstanden geschäftig den Herrscher der Welt,
   Die Würde des Amtes[7] zu üben.

2. Und rings erfüllte den hohen Balcon
   Das Volk in freud'gem Gedränge;
   Laut mischte sich in der Posaunen Ton
   Das jauchzende Rufen der Menge;
   Denn geendigt nach langem verderblichen Streit
   War die kaiserlose, die schreckliche Zeit,[8]
   Und ein Richter war wieder auf Erden.[9]
   Nicht blind mehr waltet der eiserne Speer,
   Nicht fürchtet der Schwache, der Friedliche mehr,
   Des Mächtigen Beute zu werden.

3. Und der Kaiser ergreift den goldnen Pokal,
   Und spricht mit zufriedenen Blicken:[10]
   „Wohl glänzet das Fest, wohl pranget das Mahl,[11]
   Mein königlich Herz zu entzücken;
   Doch den Sänger vermiss' ich, den Bringer der Lust,
   Der mit süßem Klang mir bewege die Brust[12]
   Und mit göttlich erhabenen Lehren.[13]
   So hab' ich's gehalten von Jugend an,
   Und was ich als Ritter gepflegt und gethan,
   Nicht will ich's als Kaiser entbehren.“

4. Und sieh! in der Fürsten umgebenden Kreis
    Trat der Sänger im langen Talare;[14]
Ihm glänzte die Locke silberweiß,
    Gebleicht von der Fülle der Jahre.
„Süßer Wohllaut schläft in der Saiten Gold,[15]
Der Sänger singt von der Minne Sold,[16]
    Er preiset das Höchste, das Beste,
Was das Herz sich wünscht, was der Sinn begehrt?
Doch sage, was ist des Kaisers werth
    An seinem herrlichsten Feste?" —

5. „Nicht gebieten werd' ich dem Sänger," spricht
    Der Herrscher mit lächelndem Munde.
„Er steht in des größeren Herren Pflicht,[17]
    Er gehorcht der gebietenden Stunde.[18]
Wie in den Lüften der Sturmwind saust,
Man weiß nicht von wannen er kommt und braust,[19]
    Wie der Quell aus verborgenen Tiefen,
So des Sängers Lied aus dem Innern schallt
Und wecket der dunkeln Gefühle Gewalt,
    Die im Herzen wunderbar schliefen."

6. Und der Sänger rasch in die Saiten fällt[20]
    Und beginnt sie mächtig zu schlagen:
„Aufs Waidwerk hinaus ritt ein edler Held,
    Den flüchtigen Gemsbock zu jagen.
Ihm folgte der Knapp mit dem Jägergeschoß,
Und als er auf seinem stattlichen Roß
    In eine Au kommt geritten,
Ein Glöcklein hört er erklingen fern;
Ein Priester war's mit dem Leib des Herrn,[21]
    Voran kam der Meßner[22] geschritten."

7. „Und der Graf zur Erde sich neiget hin,
   Das Haupt mit Demuth entblößet,
   Zu verehren mit glaubigem Christensinn,[23]
   Was alle Menschen erlöset.

   Ein Bächlein aber rauschte durchs Feld,
   Von des Gießbachs reißenden Fluthen geschwellt,[24]
   Das hemmte der Wanderer Tritte;[25]
   Und beiseit legt jener das Sacrament,
   Von den Füßen zieht er die Schuhe behend,[26]
   Damit er das Bächlein durchschritte."

8. „Was schaffst du? redet der Graf ihn an,
   Der ihn verwundert betrachtet.
   Herr, ich walle zu einem sterbenden Mann,
   Der nach der Himmelskost schmachtet;[27]
   Und da ich mich nahe des Baches Steg,
   Da hat ihn der strömende Gießbach hinweg
   Im Strudel der Wellen gerissen.
   Drum daß dem Lechzenden werde sein Heil,[28]
   So will ich das Wässerlein jetzt in Eil
   Durchwaten mit nackenden Füßen."

9. „Da setzt ihn der Graf auf sein ritterlich Pferd[29]
   Und reicht ihm die prächtigen Zäume,
   Daß er labe den Kranken, der sein begehrt,
   Und die heilige Pflicht nicht versäume.
   Und er selber auf seines Knappen Thier
   Vergnüget noch weiter des Jagens Begier;
   Der andre die Reise vollführet,
   Und am nächsten Morgen, mit dankendem Blick,[30]
   Da bringt er dem Grafen sein Roß zurück,
   Bescheiden am Zügel geführet."

10. „Nicht wolle das Gott,[31] rief mit Demuthsinn
   Der Graf, daß zum Streiten und Jagen
  Das Roß ich beschritte[32] fürderhin,
   Das meinen Schöpfer getragen!
  Und magst du's nicht haben zu eignem Gewinnst,
  So bleib' es gewidmet dem göttlichen Dienst!
   Denn ich hab' es dem[33] ja gegeben,
  Von dem ich Ehre und irdisches Gut
  Zu Lehen trage[34] und Leib und Blut
   Und Seele und Athem und Leben."


11. „So mög' auch Gott, der allmächtige Hort,[35]
   Der das Flehen der Schwachen erhöret,
  Zu Ehren euch bringen hier und dort,
   So wie ihr jetzt ihn geehret.
  Ihr seid ein mächtiger Graf, bekannt
  Durch ritterlich Walten im Schweizerland;
   Euch blühen sechs liebliche Töchter.[36]
  So mögen sie, rief er begeistert aus.
  Sechs Kronen[37] euch bringen in euer Haus,
   Und glänzen die spätsten Geschlechter!"[38]


12. Und mit sinnendem Haupt saß der Kaiser da
   Als dächt' er vergangener Zeiten;
  Jetzt, da er dem Sänger ins Auge sah,[39]
   Da ergreift ihn der Worte Bedeuten.[40]
  Die Züge des Priesters erkennt er schnell,[41]
  Und verbirgt der Thränen stürzenden Quell[42]
   In des Mantels purpurnen Falten.
  Und alles blickte den Kaiser an
  Und erkannte den Grafen, der das gethan,
   Und verehrte das göttliche Walten.

# Notes.

[1] This poem was written to exalt the virtue of humility. The source of the narrative is furnished by Ægidius Tschudi, a Swiss chronicler, who, however, puts the prophecy of the future greatness of Rudolph into the mouth of a nun. The appearance of the minstrel at court, and the idenfication of the priest with the minstrel, are inventions of Schiller's. [2] Aix-la-Chapelle was the scene of coronation of German kings up to the time of Maximilian II. [3] Compare ἱερὸν μένος Ἀλκινόοιο, Odyss. 7, 167; 2, 409. [4] The Count Palatine of the Rhine. [5] the king of Bohemia. [6] the electors were the arch-bishop of Mayence (lord high chancellor of the empire), the archbishop of Treves (chancellor of Burgundy), the archbishop of Cologne (chancellor of Italy), the count palatine of the Rhine (lord high steward), the duke of Saxony (marshall), the margrave of Brandenburg (chamberlain), the king of Bohemia (lord high cup-bearer). [7] the dignity of their office. [8] i. e. 1254 —73. [9] Rudolph was called "the living law." [10] with a happy face. [11] the dinner is magnificent, I know well. [12] to move my heart with his sweet harmony. [13] whose lofty teaching raises us to heaven. [14] dressed in a flowing robe. [15] sweet euphony lies in the golden strings. [16] sings of the reward of love. [17] some one far greater than I am, alone could do that. [18] he obeys the moment of inspiration. [19] compare St. John, 3, 8. [20] begins to play suddenly. [21] it was a priest, carrying the host. [22] the sacristan. [23] to adore with confident and Christian-like mind. [24] swollen by the violence of the torrent. [25] which arrested him on his way. [26] nimbly. [27] who is languishing for the bread of heaven. [28] therefore that the languishing soul may receive salvation. [29] on his charger. [30] with grateful face. [31] God forbid. [32] schreiten, to stride; beschreiten, to bestride. Note the force of the prefix. [33] to him. [34] hold in fief. [35] the almighty defence. [36] At the coronation of Rudolph of Habsburg, three of his daughters were married: to Ludwig of Bavaria, Otto of Brandenburg, and Albrecht of Saxony. The other three married Otto, nephew of Ludwig of Bavaria, Charles Martell, and Wenceslaus. [37] six crowns, i. e., six kings and princes, 2 kings, 2 dukes, and 2 counts. [38] and your unborn descendants win renown. [39] when he looked into the minstrel's face. [40] he purports the meaning of his words, literally, the meaning of the words strikes him. [41] Tschudi also mentions that the priest of the narrative afterwards became chaplain to the elector of Mayence, whose thoughts he first turned to Rudolph, at the next election. [42] and conceals his rising tears.

# 26. Der Handschuh.[1]

1.   Vor seinem Löwengarten,
    Das Kampfspiel zu erwarten,
    Saß König Franz,[2]
    Und um ihn die Großen der Krone,
    Und rings auf hohem Balcone
    Die Damen in schönem Kranz.

2.   Und wie er winkt mit dem Finger,
    Auf thut sich der weite Zwinger,
    Und hinein mit bedächtigem Schritt[3]
    Ein Löwe tritt,
    Und sieht sich stumm
    Rings um,
    Mit langem Gähnen,[4]
    Und schüttelt die Mähnen,
    Und streckt die Glieder,
    Und legt sich nieder.

3.   Und der König winkt wieder,
    Da öffnet sich behend[5]
    Ein zweites Thor,
    Daraus rennt
    Mit wildem Sprunge[6]
    Ein Tiger hervor.
    Wie der den Löwen erschaut,
    Brüllt er laut,
    Schlägt mit dem Schweif
    Einen furchtbaren Reif,[7]
    Und recket die Zunge,
    Und im Kreise scheu
    Umgeht er den Leu

Grimmig schnurrend,
Drauf streckt er sich murrend
Zur Seite nieder.

4. Und der König winkt wieder,
Da speit[8] das doppelt geöffnete Haus[9]
Zwei Leoparden auf einmal aus,
Die stürzen mit muthiger Kampfbegier
Auf das Tigerthier;
Das packt sie mit seinen grimmigen Tatzen,
Und der Leu mit Gebrüll
Richtet sich auf, da wird's still;
Und herum im Kreis,
Von Mordsucht heiß,
Lagern sich die gräulichen Katzen.[10]

5. Da fällt von des Altans Rand
Ein Handschuh von schöner Hand[11]
Zwischen den Tiger und den Leun
Mitten hinein.

6. Und zu Ritter Delorges, spottender Weis',
Wendet sich Fräulein Kunigund:
„Herr Ritter, ist eure Lieb' so heiß,[12]
Wie ihr mir's schwört zu jeder Stund',
Ei, so hebt mir den Handschuh auf!"

7. Und der Ritter, in schnellem Lauf,
Steigt hinab in den furchtbarn Zwinger
Mit festem Schritte,[13]
Und aus der Ungeheuer Mitte
Nimmt er den Handschuh mit keckem Finger.

8.  Und mit Erſtaunen und mit Grauen[14]
Sehen's die Ritter und Edelfrauen,
Und gelaſſen bringt er den Handſchuh zurück.
Da ſchallt ihm ſein Lob aus jedem Munde,
Aber mit zärtlichem Liebesblick —
Er verheißt ihm ſein nahes Glück —
Empfängt ihn Fräulein Kunigunde.
Und er wirft ihr den Handſchuh ins Geſicht:[15]
„Den Dank,[16] Dame, begehr' ich nicht!“
Und verläßt ſie zur ſelben Stunde.

### Notes.

[1] This story was taken by Schiller from St. Foix, Essay sur Paris. [2] Francis I. of France. [3] with a deliberate stride. [4] with a prolonged yawn. [5] and there opens instantly, [6] with a savage bound. [7] and curls his ferocious tail into the form of a circle. [8] literally, vomits. [9] the cage opened in two places at once. [10] the brindled leopards. [11] a glove dropped from a fair hand. [12] if your love is so earnest. [13] with unfaltering step. [14] with astonished but horror-striken eyes. [15] This line was altered in the Musen-Almanach of the next year (1798) into „Und der Ritter, ſich tief verneigend, ſpricht“; afterwards, however, Schiller reverted once more to the original. [16] thanks from you.

## 27. Parabeln und Räthſel.[1]

### 1.

Von Perlen baut ſich eine Brücke
Hoch über einen grauen See;[2]
Sie baut ſich auf im Augenblicke,
Und ſchwindelnd ſteigt ſie in die Höh.

Der höchſten Schiffe höchſte Maſten
Ziehn unter ihrem Bogen hin,
Sie ſelber trug noch keine Laſten
Und ſcheint, wie du ihr nahſt, zu fliehn.

Sie wird erst mit dem Strom[3] und schwindet,
So wie des Wassers Fluth versiegt.[4]
So sprich[5], wo sich die Brücke findet,
Und wer sie künstlich hat gefügt?

### N o t e s.

[1] These riddles were mostly written in 1802; they were first
introduced into a dramatic composition entitled Turandot, borrowed
from Gozzi, and adopted for the stage of Weimar; the riddles
were proposed to the courtiers by their princess. Schiller changed
the original riddles, and even invented new ones, every time the
piece was acted. The riddles are 13 in number, and the solutions
are:— 1) the rainbow; 2) the telescope, the eye, or fancy; 3) a
starry sky; 4) the earth and the vault of heaven; 5) day and
night, youth and old age, presence and past; 6) the eye; 7)
the Chinese wall; 8) lightning; 9) colours; 10) the plough; 11)
fire; 12) the shadow of the sun on a dial; 13) a ship. [2] high
over the grey mass of mist. [3] it comes first with the stream.
[4] drys up. [5] come, tell us!

## 2.

Es führt dich meilenweit von dannen,
Und bleibt doch stets an seinem Ort;
Es hat nicht Flügel auszuspannen,
Und trägt dich durch die Lüfte fort.
Es ist die allerschnellste Fähre,
Die jemals einen Wandrer trug,
Und durch das größte aller Meere
Trägt es dich mit Gedankenflug;[1]
Ihm ist ein Augenblick genug.

### N o t e s.

[1] as quick as thought.

### 3.

Auf einer großen Weide gehen
    Viel tausend Schafe silberweiß;
Wie wir sie heute wandeln sehen,
    Sah sie der allerält'ste Greis.

Sie altern nie und trinken Leben
    Aus einem unerschöpften Born,[1]
Ein Hirt ist ihnen zugegeben
    Mit schön gebognem[2] Silberhorn.

Er treibt sie aus zu goldnen Thoren,
    Er überzählt sie jede Nacht,
Und hat der Lämmer keins verloren,
    So oft er auch den Weg vollbracht.

Ein treuer Hund[3] hilft sie ihm leiten,
    Ein muntrer Widder[4] geht voran,
Die Heerde, kannst du sie mir deuten,
    Und auch den Hirten zeig' mir an!

**Notes.**

[1] from an inexhaustible source.   [2] crescent-shaped.   [3] the dog-star.   [4] Aries.

### 4.

Es steht ein groß geräumig Haus
    Auf unsichtbaren Säulen;
Es mißt's[1] und geht's kein Wandrer aus,
    Und keiner darf drin weilen.
Nach einem unbegriffnen[2] Plan
    Ist es mit Kunst gezimmert;
Es steckt sich selbst die Lampe an,[3]
    Die es mit Pracht durchschimmert.

Es hat ein Dach, krhstallenrein,
Von einem einz'gen Edelstein;
Doch noch kein Auge schaute
Den Meister, der es baute.

**Notes.**

[1] there crosses. [2] unconceived by mortals. [3] it kindles its
own lamp.

---

## 5.

Zwei Eimer sieht man ab und auf
In einem Brunnen steigen,
Und schwebt der eine[1] voll herauf,
Muß sich der andre[2] neigen.
Sie wandern rastlos hin und her,
Abwechselnd voll und wieder leer,[3]
Und bringst du diesen an den Mund,
Hängt jener in dem tiefsten Grund;
Nie können sie mit ihren Gaben
In gleichem Augenblick dich laben.

**Notes.**

[1] i. e. day. [2] i. e. night. [3] alternately perfect and again
unborn.

---

## 6.

Kennst du das Bild auf zartem Grunde?
Es gibt sich selber Licht und Glanz.
Ein andres ist's zu jeder Stunde,
Und immer ist es frisch und ganz.[1]
Im engsten Raum ist's ausgeführet,
Der kleinste Rahmen faßt es ein;[2]
Doch alle Größe, die dich rühret,
Kennst du durch dieses Bild allein.

Und kannst du den Krystall mir nennen?
Ihm gleicht an Werth[3] kein Edelstein;
Er leuchtet, ohne je zu brennen,
Das ganze Weltall saugt er ein.[4]
Der Himmel selbst ist abgemalet[5]
In seinem wundervollen Ring,
Und doch ist, was er von sich strahlet,
Noch schöner, als was er empfing.

### Notes.

[1] and it always is brilliant and perfect. [2] the smallest frame encloses it. [3] as far as its value goes. [4] it embraces the whole universe. [5] reflected.

---

### 7.

Ein Gebäude steht da von uralten Zeiten,
Es ist kein Tempel, es ist kein Haus;
Ein Reiter kann hundert Tage reiten,
Er umwandert es nicht, er reitet's nicht aus.

Jahrhunderte sind vorüber geflogen,
Es trotzte der Zeit und der Stürme Heer;
Frei steht es unter dem himmlischen Bogen,
Es reicht in die Wolken, es netzt sich im Meer.[1]

Nicht eitle Prahlsucht hat es gethürmet,
Es dienet zum Heil,[2] es rettet und schirmet;
Seines Gleichen ist nicht auf Erden bekannt,
Und doch ist's ein Werk von Menschenhand.

### Notes.

[1] and dips into the sea. [2] it serves as a means of protection.

### 8.

Unter allen Schlangen ist e i n e ,
Auf Erden nicht gezeugt,
Mit der an Schnelle keine,
An Wuth sich keine vergleicht.

Sie stürzt mit furchtbarer Stimme
Auf ihren Raub sich los,
Vertilgt[1] in e i n e m Grimme
Den Reiter und sein Roß.

Sie liebt die höchsten Spitzen;
Nicht Schloß, nicht Riegel kann
Vor ihrem Anfall schützen;
Der Harnisch — lockt sie an.

Sie bricht, wie dünne Halmen,
Den stärksten Baum entzwei:
Sie kann das Erz zermalmen,[2]
Wie dicht und fest es sei.[3]

Und dieses Ungeheuer
Hat zweimal nie gedroht —
Es stirbt im eignen Feuer;
Wie's tödtet, ist es todt!

**N o t e s.**

[1] extinguishes.   [2] grind to powder.   [3] however thick and firm
it may be.

---

### 9.

Wir stammen, unser sechs Geschwister,[1]
Von einem wundersamen Paar,
Die Mutter ewig ernst und düster,
Der Vater fröhlich immerdar.

Von beiden erbten wir die Tugend,
Von ihr die Milde, von ihm den Glanz;
So drehn wir uns in ew'ger Jugend
Um dich herum im Zirkeltanz.[2]

Gern meiden wir die schwarzen Höhlen,
Und lieben uns den heitern Tag;
Wir sind es, die die Welt beseelen[3]
Mit unsers Lebens Zauberschlag.[4]

Wir sind des Frühlings lust'ge Boten
Und führen seinen muntern Reihn;[5]
Drum fliehen wir das Haus der Todten,
Denn um uns her muß Leben sein.

Uns mag kein Glücklicher entbehren,[6]
Wir sind dabei, wo man sich freut,
Und läßt der Kaiser sich verehren,
Wir leihen ihm die Herrlichkeit.

### Notes.

[1] Goethe accepted six colours:— yellow. violet, blue, orange, red, green. [2] in whirling dance. [3] it is we, who animate the universe. [4] with the magic impulse of our life. [5] and lead his merry dance. [6] no man can enjoy happiness without us.

----

### 10.

Wie heißt das Ding, das Wen'ge schätzen?
Doch ziert's des größten Kaisers Hand;[1]
Es ist gemacht, um zu verletzen;
Am nächsten ist's dem Schwert verwandt.[2]

Kein Blut vergießt's und macht doch tausend Wunden,
Niemand beraubt's und macht doch reich;

Es hat den Erdkreis überwunden,
Es macht das Leben sanft und gleich.

Die größten Reiche hat's gegründet,
Die ält'sten Städte hat's erbaut;[3]
Doch niemals hat es Krieg entzündet,
Und Heil dem Volk,[4] das ihm vertraut!

**N o t e s.**

[1] the emperor of China, at the great national agricultural festival, ploughs up a portion of land with his own hand. [2] and is closely allied to the sword. [3] Rome was said to have been measured out with a plough by Romulus. [4] and well for that people.

---

## 11.

Ich[1] wohne in einem steinernen Haus,
Da lieg' ich verborgen und schlafe;
Doch ich trete hervor, ich eile heraus,
Gefordert mit eiserner Waffe.
Erst bin ich unscheinbar und schwach und klein,
Mich kann dein Athem bezwingen,
Ein Regentropfen schon saugt mich ein;
Doch mir wachsen im Siege die Schwingen.[2]
Wenn die mächtige Schwester[3] sich zu mir gesellt,
Erwachs' ich zum furchtbarn Gebieter der Welt.

**N o t e s.**

[1] i. e. a spark. [2] my pinions. [3] probably "the breeze".

---

## 12.

Ich drehe mich auf einer Scheibe,[1]
    Ich wandle ohne Rast und Ruh.
Klein ist das Feld, das ich umschreibe,
    Du deckst es mit zwei Händen zu[2] —

Doch brauch' ich[3] viele tausend Meilen,
    Bis ich das kleine Feld durchzogen,
Flieg' ich gleich fort mit Sturmes Eilen
    Und schneller als der Pfeil vom Bogen.

### Notes.

[1] a disk.    [2] you could cover it by laying your hands on it.
[3] ich here refers to the sun itself. the shadow of which is cast on
the dial.

## 13.

Ein Vogel ist es, und an Schnelle
    Buhlt es mit eines Adlers Flug;
Ein Fisch ist's und zertheilt die Welle,
    Die noch kein größres Unthier trug;
Ein Elephant ist's, welcher Thürme
    Auf seinem schweren Rücken trägt;
Der Spinnen kriechendem Gewürme
    Gleicht es, wenn es die Füße regt;
Und hat es fest sich eingebissen
    Mit seinem spitz'gen Eisenzahn,
So steht's gleichwie auf festen Füßen
    Und trotzt dem wüthenden Orkan.

## 28. Die Macht des Gesanges.[1]

1. Ein Regenstrom aus Felsenrissen,
    Er kommt mit Donners Ungestüm,[2]
Bergtrümmer folgen[3] seinen Güssen,
    Und Eichen stürzen unter ihm;[4]
Erstaunt, mit wollustvollem Grausen,[5]
    Hört ihn der Wanderer[6] und lauscht,
Er hört die Fluth vom Felsen brausen,

Doch weiß er nicht, woher sie rauscht:[7]
So strömen des Gesanges Wellen
Hervor aus nie entdeckten Quellen.

2. Verbündet[8] mit den furchtbarn Wesen,[9]
Die still des Lebens Faden drehn,
Wer kann des Sängers Zauber lösen,
Wer seinen Tönen widerstehn?
Wie mit dem Stab des Götterboten[10]
Beherrscht er das bewegte Herz;
Er taucht es in das Reich der Todten,
Er hebt es staunend himmelwärts,
Und wiegt es zwischen Ernst und Spiele
Auf schwanker Leiter[11] der Gefühle.

3. Wie wenn auf einmal in die Kreise
Der Freude, mit Gigantenschritt,
Geheimnißvoll, nach Geisterweise,
Ein ungeheures Schicksal tritt;
Da beugt sich jede Erdengröße
Dem Fremdling[12] aus der andern Welt,
Des Jubels nichtiges Getöse
Verstummt, und jede Larve fällt,[13]
Und vor der Wahrheit mächt'gem Siege
Verschwindet jedes Werk der Lüge.[14]

4. So rafft von jeder eiteln Bürde,
Wenn des Gesanges Ruf erschallt,
Der Mensch sich auf zur Geisterwürde
Und tritt in[15] heilige Gewalt;
Den hohen Göttern ist er eigen,[16]
Ihm darf nichts Irdisches sich nahn,
Und jede andre Macht muß schweigen,

Und kein Verhängniß fällt ihn an;[17]
Es schwinden jedes Kummers Falten,[18]
So lang des Liedes Zauber walten.[19]

5.  Und wie nach hoffnungslosem Sehnen,
Nach langer Trennung bitterm Schmerz,
Ein Kind mit heißen Reuethränen
Sich stürzt an seiner Mutter Herz:
So führt zu seiner Jugend Hütten,
Zu seiner Unschuld reinem Glück,
Vom fernen Ausland fremder Sitten
Den Flüchtling der Gesang zurück,
In der Natur getreuen Armen
Von kalten[20] Regeln zu erwarmen.

### Notes.

[1] The mysterious origin of poetry is likened to the mountain-torrent, the source of which is unknown to the passer-by, as he stands lost in admiration of its beauty.  Its influence on the human fate is compared to that of the Parcae; its power to elevate the soul is contrasted with the impression made by violent calamity suddenly falling upon us; and it is represented as able to recall to soul to natural sentiments from the conventional life in which it is obscured, as a lost child is restored to its mother.  [2] with a roar like thunder.  [3] i. e. in the selfsame way, the irresistible force of poetry draws everything with it.  [4] give way before its onward rush.  [5] at the same time entranced and awed.  [6] the passer-by.  [7] its origin.  [8] verbündet must be taken with „des Sängers“ in line 3.  [9] i. e. the fates.  They were three in number, Atropos, Lachesis, and Clotho.  The especial province of the last of these three was to spin the thread of life.  [10] i. e. Hermes or Mercury.  He was the messenger of Zeus, in which capacity he appears frequently in the Iliad.  He was employed by the gods to conduct the shades of the dead to Hades.  See Sophocles, Œdipus Colonæus, line 1548: Ἑρμῆς ὁ πομπός.  It is intimated that poetry possesses all the power with which the rod of Hermes was endowed.  [11] Leiter is here used in the sense of "balance", [12] i. e. the misfortune sent by the god.  [13] and every mask is torn away.  [14] all works of darkness (lit. of deception) vanish.  [15] and grows into.  [16] he is raised to the rank of.  [17] and no mortal influence can reach him.  [18] all the wrinkles which care has furrowed.  [19] lingers on.  [20] cold and conventional.  This probably refers to the French style of poetry.

# 29. Hoffnung.

1. Es reden und träumen die Menschen viel
   Von bessern künftigen Tagen; [1]
   Nach einem glücklichen, goldenen Ziel
   Sieht man sie rennen und jagen.
   Die Welt wird alt und wird wieder jung,
   Doch der Mensch hofft immer Verbesserung. [2]

2. Die Hoffnung führt ihn ins Leben ein,
   Sie umflattert [3] den fröhlichen Knaben,
   Den Jüngling locket ihr Zauberschein,
   Sie wird mit dem Greis nicht begraben;
   Denn beschließt er [4] im Grabe den müden Lauf,
   Noch am Grabe pflanzt er — die Hoffnung auf.

3. Es ist kein leerer, schmeichelnder Wahn,
   Erzeugt im Gehirne des Thoren.
   Im Herzen kündet es laut sich an:
   Zu was Besserm sind wir geboren;
   Und was die innere Stimme spricht,
   Das täuscht die hoffende Seele nicht.

**Notes.**

[1] of better days to come. [2] continues to hope for a better state of affairs. [3] it hovers around. [4] although he may conclude .... still.

# 30. Deutsche Treue.

Um den Scepter Germaniens stritt mit Ludwig dem Bayer [1]
Friedrich aus Habsburgs Stamm, beide gerufen zum Thron: [2]
Aber den Austrier führt, den Jüngling, das neidische Kriegsglück
In die Fesseln des Feinds, der ihn im Kampfe bezwingt. [3]

10

Mit dem Throne[4] kauft er sich los, sein Wort muß er geben,
    Für den Sieger das Schwert gegen die Freunde zu ziehn;
Aber was er in Banden gelobt, kann er frei nicht erfüllen;
    Siehe, da stellt er aufs neu willig den Banden sich dar.
Tief gerührt umhalst ihn[5] der Feind, sie wechseln von nun an,
    Wie der Freund mit dem Freund, traulich die Becher des
                                                        Mahls,
Arm in Arme schlummern auf einem Lager die Fürsten,
    Da noch blutiger Haß grimmig die Völker zerfleischt.
Gegen Friedrichs Heer muß Ludwig ziehen.  Zum Wächter[6]
    Bayerns läßt er den Feind, den er bestreitet, zurück.
„Wahrlich! So ist's! Es ist wirklich so! Man hat mir's ge-
                                                        schrieben."
    Rief der Pontifex[7] aus, als er die Kunde vernahm.

#### N o t e s.

[1] i. e. Louis of Bavaria.  [2] He was proclaimed at Frankfurt,
19th Oct. 1314, and crowned there, also at Aix-la-Chapelle.  Frederick was proclaimed the next day at Frankenhausen, and crowned
at Bonn.  [3] He was defeated at Mühldorf on the 28th September
1322.  [4] by giving up all claim to the throne.  [5] falls on his
neck.  [6] to guard Bavaria.  [7] Pope John XXII.  The story is
hardly correctly told.  The return of the duke of Austria to the
enemy's camp was forbidden by the Pope.  For the story, see
Cox's "House of Austria", vol I., pages 87—98.

~~~~~~~~~

## 31. Die Antike[1] an den nordischen Wanderer.

Ueber Ströme hast du gesetzt und Meere durchschwommen,
    Ueber der Alpen Gebirg trug dich der schwindlichte Steg,[2]
Mich in der Nähe zu schaun und meine Schöne zu preisen,
    Die der begeisterte Ruf[3] rühmt durch die staunende Welt;
Und nun stehst du vor mir, du darfst mich Heil'ge berühren,
    Aber bist du mir jetzt näher, und bin ich es dir[4]?

**N o t e s.**

¹ Die Antife is here used in the sense of the "genius of antiquity". ² the bridge over bottomless abysses. The termination is common in Schiller. ³ the call of enthusiasm. ⁴ the meaning is: "Although you see the movements of art in her own climate, still the clouds collected by time must be cleared away for you to understand it; enlightment has indeed cleared them partially from your eye, but you yourself must try and remove them from your heart".

The original text of this poem, first published in "the Horen", embraced eight more lines of the same pentameter measure.

## 32. Die Antifen zu Paris.¹

1. Was der Griechen Kunst erschaffen,
   Mag der Franke² mit den Waffen
   Führen nach der Seine Strand.
   Und in prangenden Museen
   Zeig' er seine Siegstrophäen
   Dem erstaunten Vaterland!

2. Ewig werden sie ihm schweigen,
   Nie von den Gestellen steigen
   In des Lebens frischen Reihn.
   Der allein besitzt die Musen,
   Der sie trägt im warmen Busen,³
   Dem Vandalen⁴ sind sie Stein.

**N o t e s.**

¹ This was written to show the poet's disapprobation of the French invaders of Italy carrying so many beautiful works of art to Paris. ² the Frank can indeed carry off.... but.... ³ who feels their influence in his own heart, as a worshipper would. ⁴ the barbarians, when they captured Rome, destroyed many beautiful works of art, through ignorance of their real value.

## 33. Thekla.

### Eine Geisterstimme[1].

1. Wo ich sei, und wo mich hingewendet,
   Als mein flücht'ger Schatten dir entschwebt[2]?
   Hab' ich nicht beschlossen und geendet,
   Hab' ich nicht geliebet und gelebt?

2. Willst du nach den Nachtigallen fragen,
   Die mit seelenvoller Melodie[3]
   Dich entzückten in des Lenzes Tagen?
   Nur so lang sie liebten, waren sie.[4]

3. Ob ich den Verlorenen gefunden[5]?
   Glaube mir, ich bin mit ihm vereint,
   Wo sich nicht mehr trennt, was sich verbunden,[6]
   Dort, wo keine Thräne wird geweint.

4. Dorten wirst auch du uns wieder finden,
   Wenn dein Lieben unserm Lieben gleicht;
   Dort ist auch der Vater frei von Sünden,
   Den der blut'ge Mord nicht mehr erreicht.[7]

5. Und er fühlt, daß ihn kein Wahn betrogen,
   Als er aufwärts zu den Sternen sah;[8]
   Denn wie jeder wägt, wird ihm gewogen;[9]
   Wer es glaubt, dem ist das Heil'ge nah.

6. Wort gehalten wird in jenen Räumen[10]
   Jedem schönen, gläubigen Gefühl;
   Wage du zu irren und zu träumen,
   Hoher Sinn liegt oft in kind'schem Spiel.

**N o t e s.**

[1] This is a virtual answer to the oft repeated questions as to the fate of Thekla, and is intended to justify her resolution to end her life. [2] after my fleeting shadow had vanished from your sight. [3] with its heartfelt strains. [4] they lingered on. [5] you ask me whether I have found my lost one. [6] where we meet, never to part again. [7] whom no murderous hand can now reach. [8] See Piccolomini, Act II, Scene 6, and Death of Wallenstein, Act V, Scene 3. [9] for with what measure ye mete, it shall be meted to you again. [10] in those mansions promises are regarded as sacred. The reader is referred to M. Arnold's translation of the above.

〜〜〜

## 34. Die Worte des Glaubens.

1. Drei Worte nenn' ich euch, inhaltschwer,[1]
   Sie gehen von Munde zu Munde,
   Doch stammen sie nicht von außen her;
   Das Herz nur gibt davon Kunde.
   Dem Menschen ist aller Werth geraubt,
   Wenn er nicht mehr an die drei Worte glaubt.

2. Der Mensch ist frei geschaffen, ist frei,
   Und würd' er in Ketten geboren,[2]
   Laßt euch nicht irren[3] des Pöbels Geschrei,
   Nicht den Mißbrauch rasender Thoren!
   Vor dem Sklaven,[4] wenn er die Kette bricht,
   Vor dem freien Menschen erzittert nicht!

3. Und die Tugend, sie ist kein leerer Schall,[5]
   Der Mensch kann sie üben im Leben,
   Und sollt' er auch[6] straucheln überall,
   Er kann nach der göttlichen streben,
   Und was kein Verstand der Verständigen sieht,
   Das übet in Einfalt ein kindlich Gemüth.[7]

4. Und ein Gott ist, ein heiliger Wille lebt,
　　Wie auch der menschliche wanke;[8]
Hoch über der Zeit und dem Raume webt
　　Lebendig der höchste Gedanke,
Und ob alles in ewigem Wechsel kreist,[9]
Es beharret im Wechsel ein ruhiger Geist.

5. Die drei Worte bewahret euch, inhaltschwer,
　　Sie pflanzet von Munde zu Munde,[10]
Und stammen sie gleich nicht von außen her,[11]
　　Euer Innres gibt davon Kunde.
Dem Menschen ist nimmer sein Werth geraubt,[12]
So lang er noch an die drei Worte glaubt.

### Notes.

[1] of meaning profound. [2] even though he be born in prison. [8] irren is transitive here, in the sense of "to lead away". [4] you may with reason fear the slave. [5] it is no mere name. [6] even though he be obliged to. [7] an innocent mind. [8] though human will may quail. [9] and although all circulates in endless variety. [10] keep passing them out from mouth to mouth. [11] although their origin is not from without. [12] a man can always uphold his dignity.

## 35. Die Worte des Wahns.

1. Drei Worte hört man, bedeutungschwer,[1]
　　Im Munde der Guten und Besten.
Sie schallen vergeblich, ihr Klang ist leer,
　　Sie können nicht helfen und trösten.
Verscherzt[1] ist dem Menschen des Lebens Frucht,
So lang er die Schatten zu haschen sucht.

2. So lang er glaubt an die goldene Zeit,
　　Wo das Rechte, das Gute wird siegen —
Das Rechte, das Gute führt ewig Streit,

Nie wird der Feind ihm erliegen,
Und erstickst du ihn nicht in den Lüften frei,
Stets wächst ihm die Kraft auf der Erde neu.²

3. So lang er glaubt, daß das buhlende Glück
Sich dem Edeln vereinigen werde —
Dem Schlechten folgt es mit Liebesblick;³
Nicht dem Guten gehöret die Erde,
Er ist ein Fremdling, er wandert aus,
Und suchet ein unvergänglich Haus.⁴

4. So lang er glaubt, daß dem irb'schen Verstand
Die Wahrheit je wird erscheinen —
Ihren Schleier hebt keine sterbliche Hand;
Wir können nur rathen und meinen.
Du kerkerst den Geist in ein tönend Wort,⁵
Doch der freie wandelt im Sturme fort.

5. Drum, edle Seele, entreiß dich dem Wahn,
Und den himmlischen Glauben bewahre!
Was kein Ohr vernahm, was die Augen nicht sahn
Es ist dennoch das Schöne, das Wahre!
Es ist nicht draußen, da sucht es der Thor;
Es ist in dir, du bringst es ewig hervor.⁶

### Notes.

¹ under a charm. ² This refers to the overthrow of Antæus
by Hercules. He was forced to strangle him in mid-air, as he
acquired fresh strength, every time he touched the ground. ³ with
fond gaze. ⁴ and seeks an incorruptible mansion. ⁵ thou dost
imprison the spirit in a sounding form. ⁶ the Spirit of Rest is
contrasted with the surrounding turmoil, in the heart of which
is peace.

# 36. Sprüche des Confucius.[1]

## 1.

Dreifach ist der Schritt der Zeit:
Zögernd kommt die Zukunft hergezogen,
Pfeilschnell ist das Jetzt[2] entflogen,
Ewig still steht die Vergangenheit.

Keine Ungeduld beflügelt
Ihren Schritt, wenn sie verweilt.[3]
Keine Furcht, kein Zweifeln zügelt
Ihren Lauf, wenn sie enteilt.[4]
Keine Reu, kein Zaubersegen
Kann die Stehende bewegen.

Möchtest du beglückt und weise
Endigen des Lebens Reise,
Nimm die Zögernde zum Rath,[5]
Nicht zum Werkzeug deiner That.
Wähle nicht die Fliehende zum Freund,
Nicht die Bleibende zum Feind.

### Notes.

[1] Confucius, the Chinese law-giver, lived about 500 B. C. These lines are really Schiller's philosophical conceptions of time and place. [2] the present moment. [3] if it lingers on its way. [4] it it hastens away. [5] then take the future into account: "zum Werkzeug" is contrasted with "zum Rath". The meaning is: Do not regard your hopes as certainties, but at the same time allow for misfortunes.

## 2.

Dreifach ist des Raumes Maß:[1]
Rastlos fort ohn' Unterlaß
Strebt die Länge;[2] fort ins Weite
Endlos gießet sich die Breite;[2]
Grundlos senkt die Tiefe[2] sich)

Dir ein Bild sind sie gegeben:
Rastlos vorwärts mußt du streben,
Nie ermüdet stille stehn,
Willst du die Vollendung sehn;
Mußt ins Breite dich entfalten,
Soll sich dir die Welt gestalten;[3]
In die Tiefe mußt du steigen,
Soll sich dir das Wesen[4] zeigen.
Nur Beharrung[5] führt zum Ziel,
Nur die Fülle[6] führt zur Klarheit,
Und im Abgrund[7] wohnt die Wahrheit.

### Notes.

[1] the form of space.  [2] Length — breadth — depth.  [3] if thou shouldst wish to know the world.  [4] existence.  [5] perseverance alone.  [6] sufficient knowledge and experience.  [7] far below.

## 37. Archimedes und der Schüler.[1]

Zu Archimedes kam ein wißbegieriger Jüngling.
„Weihe mich[2]," sprach er zu ihm, „ein[2] in die göttliche Kunst,
Die so herrliche Frucht dem Vaterlande getragen,
Und die Mauern der Stadt vor der Sambuca[3] beschützt!"
„Göttlich nennst du die Kunst? Sie ist's," versetzte der Weise;
„Aber das war sie, mein Sohn, eh sie dem Staat noch gedient.
Willst du nur Früchte von ihr, die kann auch die Sterbliche
                                          zeugen;
Wer um die Göttin freit, suche in ihr nicht das Weib."[4]

### Notes.

[1] Archimedes was a famous sage of Syracuse; he was killed at the fall of Syracuse, 212 B. C. By his inventions in the way of engineering, the siege of Syracuse was considerably protracted. [2] initiate me. [3] the Sambuca was one of the engines used in the siege by Marcellus. [4] this poem is intended to illustrate a pure and disinterested love of Science.

# 38. Würden.[1]

Wie die Säule[2] des Lichts auf des Baches Welle sich spie-
gelt —
Hell, wie von eigener Gluth, flammt der vergoldete Saum;
Aber die Well' entführet der Strom, durch die glänzende Straße
Drängt eine andre sich schon, schnell, wie die erste, zu fliehn—
So beleuchtet der Würden Glanz den sterblichen Menschen;
Nicht er selbst, nur der Ort, den er durchwandelte, glänzt.

### Notes.

[1] As the light of the sun falls upon and gilds the waves of
a stream, so does the brilliancy of mortal dignity shine on man.
[2] rays.

---

# 39. Votivtafeln[1].
## An einen Weltverbesserer.

„Alles opfert' ich hin," sprichst du, „der Menschheit zu helfen;
Eitel war der Erfolg, Haß und Verfolgung der Lohn." —
Soll ich dir sagen, Freund, wie ich mit Menschen es halte?
Traue dem Spruche! Noch nie hat mich der Führer getäuscht.
Von der Menschheit—du kannst von ihr nie groß genug denken;
Wie du im Busen sie trägst, prägst du in Thaten sie aus.[2]
Auch dem Menschen, der dir im engen Leben[3] begegnet,
Reich' ihm, wenn er sie mag, freundlich die helfende Hand.
Nur für Regen und Thau und fürs Wohl der Menschenge-
schlechter
Laß du den Himmel, Freund, sorgen, wie gestern, so heut.

### Notes.

[1] Votive-tablets. In the Musen-Almanach of 1797, 103 epi-
grams by Schiller and Gœthe appeared under this heading. [2] express them in deeds. [3] in the narrow routine of life. When
Schiller wrote this, he was perhaps thinking of the French revolution.

## 40. Das weibliche Ideal.¹

### An Amanda.

Ueberall weichet das Weib dem Manne; nur in dem Höchsten
    Weichet dem weiblichsten Weib immer der männlichste Mann.
Was das Höchste mir sei? Des Sieges ruhige Klarheit,
    Wie sie von deiner Stirn, holde Amanda, mir strahlt.
Schwimmt auch die Wolke² des Grams um die heiter glän=
                        zende Scheibe,
    Schöner nur macht sich das Bild³ auf dem vergoldeten Duft.
Dünke der Mann sich frei! Du bist es; denn ewig nothwendig
    Weißt du von keiner Wahl, keiner Nothwendigkeit⁴ mehr.
Was du auch gibst, stets gibst du dich ganz; du bist ewig nur
                        Eines,
    Auch dein zartester Laut ist dein harmonisches Selbst.
Hier ist ewige Jugend bei niemals versiegender Fülle,
    Und mit der Blume zugleich brichst du die goldene Frucht.

**Notes.**
¹ The Amanda to whom this poem is addressed, is the Amanda
of Wieland's Oberon. ² even though the clouds. ³ the face of
the moon. ⁴ no imperative necessity to follow the laws of the
outside world.

## 41. Die Homeriden.¹

Wer von euch ist der Sänger der Ilias? Weil's ihm² so gut
                        schmeckt,
Ist hier von Heynen ein Pack Göttinger Würste für ihn —
„Mir her! ich sang der Könige Zwist!³" — „Ich die Schlacht
                      bei den Schiffen⁴!" —
„Mir die Würste! ich sang, was auf dem Ida geschah⁵!" —
Friede! zerreißt mich nur nicht! Die Würste werden nicht
                      reichen.
Der sie schickte, er hat sich nur auf Einen versehn.

### N o t e s.

[1] This poem was written in ridicule of the dispute between Wolff and Heyne as to the authorship of the Ilias. [2] to Heyne; he was a Gœttingen professor, and died 1812. [3] i. e. the dispute between Achilles and Agamemnon, Book I. [4] i. e. Books VIII, IX. [5] i. e. Book XIII.
Wolff maintained that both the Iliad and Odyssey had been written by various poets, and subsequently collected into one.

~

### 42. Der Metaphyſiker.[1]

„Wie tief liegt unter mir die Welt!
Kaum ſeh' ich noch die Menſchlein unten wallen!
Wie trägt mich meine Kunſt, die höchſte unter allen,
So nahe an des Himmels Zelt!"
So ruft von ſeines Thurmes Dache
Der Schieferdecker,[2] ſo der kleine große Mann,
Hans Metaphyſikus, in ſeinem Schreibgemache.
Sag' an, du kleiner großer Mann,
Der Thurm, von dem dein Blick ſo vornehm niederſchauet,
Wovon iſt er — worauf iſt er erbauet[3]?
Wie kamſt du ſelbſt hinauf — und ſeine kahlen Höhn,
Wozu ſind ſie dir nütz, als in das Thal zu ſehn?

### N o t e s.

[1] This poem was intended to ridicule the professors of Schiller's abandoned philosophy, especially Fichte. [2] the slater. [3] i. e. it s built of clay, and stands on clay.

⌣   ⌣ ⌣

### 43. Pegaſus im Joche.

1.   Auf einen Pferdemarkt — vielleicht zu Haymarket,
Wo andre Dinge noch in Waare ſich verwandeln,
Bracht' einſt ein hungriger Poet
Der Muſen Roß, es zu verhandeln.

2. Hell wieherte der Hippogryph[1]
Und bäumte sich in prächtiger Parade;[2]
Erstaunt blieb jeder stehn und rief:
Das edle, königliche Thier! Nur Schade,
Daß seinen schlanken Wuchs ein häßlich Flügelpaar
Entstellt! Den schönsten Postzug würd' es zieren.
Die Race, sagen sie, sei rar,
Doch wer wird durch die Luft kutschieren?
Und keiner will sein Geld verlieren.
Ein Pachter endlich faßte Muth.
Die Flügel zwar, spricht er, die schaffen keinen Nutzen,
Doch die kann man ja binden oder stutzen,
Dann ist das Pferd zum Ziehen immer gut.
Ein zwanzig Pfund, die will ich wohl dran wagen;
Der Täuscher[3], hoch vergnügt, die Waare loszuschlagen,
Schlägt hurtig ein.[4]   „Ein Mann, ein Wort!"
Und Hans trabt frisch mit seiner Beute fort.

3.   Das edle Thier wird eingespannt;
Doch fühlt es kaum die ungewohnte Bürde,
So rennt es fort mit wilder Flugbegierde
Und wirft, von edelm Grimm entbrannt,
Den Karren um an eines Abgrunds Rand.
Schon gut,[5] denkt Hans.   Allein darf ich dem tollen Thiere
Kein Fuhrwerk mehr vertraun. Erfahrung macht schon klug.
Doch morgen fahr' ich Passagiere,[6]
Da stell' ich es als Vorspann in den Zug.
Die muntre Krabbe[7] soll zwei Pferde mir ersparen;
Der Koller[8] gibt sich mit den Jahren.

4.   Der Anfang ging ganz gut.   Das leichtbeschwingte Pferd[9]
Belebt der Klepper Schritt, und pfeilschnell fliegt der Wagen.
Doch was geschieht? Den Blick den Wolken zugekehrt,

Und ungewohnt, den Grund mit festem Huf zu schlagen,[10]
Verläßt es bald der Räder sichre Spur,
Und, treu der stärkeren Natur,[11]
Durchrennt es Sumpf und Moor, geackert Feld und Hecken;
Der gleiche Taumel faßt das ganze Postgespann,
Kein Rufen hilft, kein Zügel hält es an,
Bis endlich, zu der Wandrer Schrecken,
Der Wagen, wohlgerüttelt und zerschellt,
Auf eines Berges steilem Gipfel hält.

5.    Das geht nicht zu mit rechten Dingen![12]
Spricht Hans mit sehr bedenklichem Gesicht,
So wird es nimmermehr gelingen;
Laß sehn, ob wir den Tollwurm[13] nicht
Durch magre Kost und Arbeit zwingen.
Die Probe wird gemacht. Bald ist das schöne Thier,
Eh noch drei Tage hingeschwunden,
Zum Schatten abgezehrt. Ich hab's, ich hab's gefunden
Ruft Hans. Jetzt frisch, und spannt es mir
Gleich vor den Pflug mit meinem stärksten Stier!

6.    Gesagt, gethan. In lächerlichem Zuge[14]
Erblickt man Ochs und Flügelpferd am Pfluge.
Unwillig steigt der Greif und strengt die letzte Macht[15]
Der Sehnen an, den alten Flug zu nehmen.
Umsonst, der Nachbar[16] schreitet mit Bedacht,
Und Phöbus' stolzes Roß muß sich dem Stier bequemen,!
Bis nun, vom langen Widerstand verzehrt,
Die Kraft aus allen Gliedern schwindet,
Von Gram gebeugt das edle Götterpferd
Zu Boden stürzt und sich im Staube windet.

7. Verwünschtes Thier! bricht endlich Hanses Grimm
   Laut scheltend aus, indem die Hiebe flogen.[17]
   So bist du denn zum Ackern selbst zu schlimm,
   Mich hat ein Schelm mit dir betrogen.

8. Indem er noch in seines Zornes Wuth
   Die Peitsche schwingt, kommt flink und wohlgemuth
   Ein lustiger Gesell[18] die Straße hergezogen.
   Die Cither klingt in seiner leichten Hand,
   Und durch den blonden Schmuck der Haare
   Schlingt zierlich sich ein goldnes Band.
   Wohin, Freund, mit dem wunderlichen Paare?
   Ruft er den Bau'r von weitem an.
   Der Vogel und der Ochs an einem Seile,
   Ich bitte dich, welch ein Gespann!
   Willst du auf eine kleine Weile
   Dein Pferd zur Probe mir vertraun?
   Gib Acht, du sollst dein Wunder schaun.[19]

9. Der Hippogryph wird ausgespannt,
   Und lächelnd schwingt sich ihm der Jüngling auf den Rücken.
   Kaum fühlt das Thier des Meisters sichre Hand,
   So knirscht es in des Zügels Band
   Und steigt, und Blitze sprühn aus den beseelten Blicken.[20]
   Nicht mehr das vor'ge Wesen, königlich,
   Ein Geist, ein Gott, erhebt es sich,
   Entrollt mit einem Mal in Sturmes Wehen
   Der Schwingen Pracht, schießt brausend himmelan,
   Und eh der Blick ihm folgen kann,
   Entschwebt es zu den blauen Höhen.

**N o t o s.**
[1] a fabulous animal, half horse and half griffin.   [2] and proudly
reared.   [3] the horse-dealer.   [4] jumps at the offer.   [5] Very well.

[6] but to-morrow I shall be driving the coach. [7] the frisky bounder. [8] literally, the staggers. The meaning is, "he will get quieter as he gets older". [9] the nimble horse. [10] unaccustomed to touch the ground with his feet. [11] and obeying the stronger impulse of Nature. [12] this is not done by natural means (Gœthe used the same expression in Faust). [13] the fiery spirit. [14] No sooner said than done. A ridiculous pair.... [15] and exerts all the strength left in his body. [16] his companion. [17] raining down blows on him. [18] In the early edition of this poem Schiller is said to have introduced Apollo at this juncture. [19] you shall see something that will make you wonder. [20] out of his sparkling eyes.

These lines may be taken as representing the poet's own history — poetic genius is depicted as submitting to the drudgery of life (Schiller was obliged to take up the study of medicine contrary to his will), and to the society of companions of a prosaic nature (referring to Schiller's situation at Jena), and even to labour and spare diet (referring to his poverty). Pegasus was the flying horse of the Muses: he opened with his hoof Hippocrene, the fountain of inspiration (derived from ἵππος, a horse, and κρήνη, a spring).

## 44. An Goethe,

als er den Mahomet von Voltaire auf die Bühne brachte.[1]

1. Du selbst, der uns von falschem Regelzwange[2]
Zur Wahrheit und Natur zurückgeführt,
Der, in der Wiege schon ein Held,[3] die Schlange
Erstickt, die unsern Genius umschnürt,
Du, den die Kunst, die göttliche, schon lange
Mit ihrer reinen Priesterbinde ziert,
Du opferst auf zertrümmerten Altären
Der Aftermuse,[4] die wir nicht mehr ehren?

2. Einheim'scher Kunst ist dieser Schauplatz eigen,[5]
Hier wird nicht fremden Götzen mehr gedient;
Wir können muthig einen Lorbeer zeigen,
Der auf dem deutschen Pindus[6] selbst gegrünt.
Selbst in der Künste Heiligthum zu steigen,

Hat sich der deutsche Genius erkühnt,
Und auf der Spur des Griechen und des Britten
Ist er dem bessern Ruhme nachgeschritten.

3. Denn dort, wo Sklaven knien, Despoten walten,
Wo sich die eitle Aftergröße[7] bläht,
Da kann die Kunst das Edle nicht gestalten,
Von keinem Ludwig[8] wird es ausgesät;
Aus eigner Fülle muß es sich entfalten,
Es borget nicht von ird'scher Majestät,
Nur mit der Wahrheit wird es sich vermählen,
Und seine Gluth durchflammt nur freie Seelen.

4. Drum nicht, in alte Fesseln uns zu schlagen,
Erneuerst du dies Spiel der alten Zeit,[9]
Nicht, uns zurückzuführen zu den Tagen
Charakterloser Minderjährigkeit.[10]
Es wär' ein eitel und vergeblich Wagen,
Zu fallen ins bewegte Rad der Zeit;
Geflügelt fort entführen es die Stunden,
Das Neue kommt, das Alte ist verschwunden.

5. Erweitert jetzt ist des Theaters Enge,[11]
In seinem Raume drängt sich eine Welt;
Nicht mehr der Worte rednerisch Gepränge,[12]
Nur der Natur getreues Bild gefällt;
Verbannet ist der Sitten falsche Strenge,
Und menschlich handelt, menschlich fühlt der Held.[13]
Die Leidenschaft erhebt die freien Töne,
Und in der Wahrheit findet man das Schöne.

6. Doch leicht gezimmert nur ist Thespis' Wagen[14]
Und er ist gleich dem acheront'schen Kahn;[15]

11

Nur Schatten und Idole kann er tragen,
Und drängt das rohe Leben sich heran
So droht das leichte Fahrzeug umzuschlagen,
Das nur die flücht'gen Geister fassen kann.
Der Schein soll nie die Wirklichkeit erreichen,
Und siegt Natur,[16] so muß die Kunst entweichen.

7. Denn auf dem bretternen Gerüst der Scene
Wird eine Idealwelt aufgethan.
Nichts sei hier wahr und wirklich, als die Thräne;
Die Rührung ruht auf keinem Sinnenwahn.
Aufrichtig ist die wahre Melpomene,[17]
Sie kündigt nichts als eine Fabel an,
Und weiß durch tiefe Wahrheit zu entzücken;
Die falsche stellt sich wahr, um zu berücken.

8. Es droht die Kunst vom Schauplatz zu verschwinden,
Ihr wildes Reich behauptet Phantasie;
Die Bühne will sie wie die Welt entzünden,
Das Niedrigste und Höchste menget sie.
Nur bei dem Franken war noch Kunst zu finden,
Erschwang er gleich ihr holdes Urbild nie;
Gebannt in unveränderlichen Schranken
Hält er sie fest, und nimmer darf sie wanken.

9. Ein heiliger Bezirk ist ihm die Scene;
Verbannt aus ihrem festlichen Gebiet
Sind der Natur nachlässig rohe Töne,[18]
Die Sprache selbst erhebt sich ihm zum Lied;
Es ist ein Reich des Wohllauts und der Schöne,
In edler Ordnung greifet Glied in Glied,
Zum ernsten Tempel füget sich das Ganze,
Und die Bewegung[19] borget Reiz vom Tanze.

10. Nicht Muster zwar darf uns der Franke werden!
Aus seiner Kunst spricht kein lebend'ger Geist;
Des falschen Anstands prunkende Geberden
Verschmäht der Sinn, der nur das Wahre preist!
Ein Führer nur zum Beffern soll er werden,
Er komme, wie ein abgeschiedner Geist,
Zu reinigen die oft entweihte Scene
Zum würd'gen Sitz der alten Melpomene.

## Notes.

[1] To Goethe, on his producing Voltaire's Mahomet on the stage. This poem was originally intended for a prologue to be read on the stage. [2] i. e. the old French system, adhered to by men of the Gottsched party. [3] i. e. like Hercules. Goethe was only 24 years old when he produced Goetz. [4] to the false muse. [5] to native art this theatre is consecrated. [6] Pindus, a mountain on the borders of Thessaly and Epirus, like Parnassus and Helicon, is mentioned as the abode of Apollo and the Muses. [7] false greatness. [8] i. e. Louis XIV. [9] i. e. Voltaire's Mahomet. [10] the days of careless childhood. [11] i. e. the unities of time and place are not now observed as they used to be. [12] no longer an oratorical flow of words. [13] and the hero acts and feels like a man. [14] Thespis was the inventor of the drama. The first stage he ever used was a cart. [15] Charon's boat, in which the shades were carried across to Hades. Compare "Klage der Ceres" 3, 1. [16] and if reality prevails. [17] the penultimate syllable of this word is long. [18] natures's careless and uncultivated tone. [19] the motions of the actors.